MW01518255

SASCHA BERST-FREDIANI
Verjährung

AUGE UM AUGE Nach ihrem erfolgreichen Strafprozess gegen den ehemaligen Präsidenten des Oberlandesgerichts wurden die Staatsanwälte Antonio Tedeschi und Margarete Heymann befördert. Während Margarete deswegen nach Stuttgart zieht, bleibt Antonio in Freiburg zurück, wo er zunehmend vereinsamt. An einem regnerischen Tag im Februar erhält er einen Anruf, der ihn tief in die Vergangenheit zurückwirft. Sein Kindheits- und Jugendfreund Vittorio, der einzige Freund, den er hatte, ist gestorben. Auf Bitten von dessen Mutter geht er zur Beerdigung nach Sindelfingen, wo Vittorio unter großer Trauer der italienischen Gemeinde zu Grabe getragen wird. Dabei war sein Tod ebenso grausam wie verstörend – er ist verhungert. Tief erschüttert sucht Antonio nach Gründen für dieses furchtbare Ende und beginnt damit am Kolleg in St. Blasien, dort, wo ihre Freundschaft einst zerbrach. Vittorios Mutter hatte ihren Sohn als Dreizehnjährigen auf das von Jesuiten betriebene Internat geschickt. Hinter den alten Klostermauern scheint der Schlüssel zu Vittorios Tod zu liegen …

© Klaus Polkowski

Sascha Berst-Frediani genoss seine Schulbildung in Deutschland sowie Italien. In Freiburg und Paris studierte er Germanistik und Rechtswissenschaften. Inzwischen ist der promovierte Jurist in Freiburg als Rechtsanwalt niedergelassen. Im Jahr 2013 gewann der Autor den Freiburger Krimipreis und im Mai 2015 die »Herzogenrather Handschelle«, den Krimipreis der Stadt Herzogenrath. »Verjährung« ist sein drittes Buch im Gmeiner-Verlag.

Bisherige Veröffentlichungen im Gmeiner-Verlag:
Reue (2018)
Fehlurteil (2014)

SASCHA BERST-FREDIANI

Verjährung

Justiz-Thriller

GMEINER SPANNUNG

Immer informiert

Spannung pur – mit unserem Newsletter informieren wir Sie
regelmäßig über Wissenswertes aus unserer Bücherwelt.

Gefällt mir!

Facebook: @Gmeiner.Verlag
Instagram: @gmeinerverlag
Twitter: @GmeinerVerlag

Besuchen Sie uns im Internet:
www.gmeiner-verlag.de

© 2019 – Gmeiner-Verlag GmbH
Im Ehnried 5, 88605 Meßkirch
Telefon 0 75 75 / 20 95 - 0
info@gmeiner-verlag.de
Alle Rechte vorbehalten
1. Auflage 2019

Lektorat: Sven Lang
Herstellung: Julia Franze
Umschlaggestaltung: U.O.R.G. Lutz Eberle, Stuttgart
unter Verwendung eines Fotos von: © Andreas Schwarzkopf
https://commons.wikimedia.org/wiki/File:Palais_Sickingen_3.jpg
Druck: CPI books GmbH, Leck
Printed in Germany
ISBN 978-3-8392-2462-5

Menin aeide …
(Vom Zorn berichte …)

Homer, Ilias

VORWORT DES HERAUSGEBERS:

Der Bericht Antonio Tedeschis über die Anklage gegen einen ehemaligen OLG-Präsidenten, den ich in diesem Verlag unter dem Titel »Fehlurteil« herausgeben durfte, hat in der Freiburger Justiz für viel Aufsehen gesorgt und sogar im Ausland Wellen geschlagen. Seitdem sind Jahre vergangen, während denen ich von seinem Verfasser nichts mehr gehört habe. Leider, denn ich hätte die vielen Reaktionen, die das Buch hervorrief, gerne mit ihm geteilt. Aber selbst meine Versuche, nur seine Adresse auszumachen, blieben ohne Erfolg. Es war, als wollte er sich nicht finden lassen.

Ich hatte ihn schon beinahe vergessen, als mich vor wenigen Monaten ein Päckchen erreichte, das mich überraschte. Es trug keinen Absender, aber ich erkannte die in grüner Tinte ausgeführte Schrift auf dem Adressaufkleber sofort. Den Brief, den Tedeschi mir schrieb, und das Skript, das es enthielt, kann ich der Öffentlichkeit nicht vorenthalten.

S. B. F.

Lieber Kollege,

es hat mich sehr gerührt, dass Sie sich Gedanken darüber gemacht haben, wieso ich meine Laufbahn als Staatsanwalt aufgegeben habe und nach Italien zurückgekehrt bin, in das Land, das meinen Eltern so wenig Heimat war, wie ich eine sichere Existenz als deutscher Beamter mit regelmäßigem Einkommen und Pensionsanspruch hinter mir lassen konnte, um mich hier in das riesige Heer des akademischen Prekariats einzureihen, auf das Ansehen verzichten, das mit meinem Beruf als Staatsanwalt verbunden war, um mich stattessen als Übersetzter und hin und wieder als Gutachter durchzuschlagen, wenn eines der wenigen größeren Anwaltsbüros, die es hier gibt, eine Expertise zum Deutschen Recht benötigt.

Wie Sie sicher schon vermuten, stelle auch ich mir diese Fragen, und das nicht nur, wenn sich die Zeit zwischen dem einen kleinen Auftrag, den ich erledigt habe, und dem nächsten, den ich gerade zu akquirieren versuche, besonders zieht, oder wenn die Winter wieder lang sind und es mich friert ... Sie haben richtig gelesen, wenn es mich friert. Es ist schon seltsam, aber mir war in Deutschland nie so kalt wie hier, in diesen Häusern mit ihren kleinen Fenstern, die so gebaut sind, dass sie die Hitze des Sommers draußen halten, aber nicht etwa die Wärme der Öfen drinnen, und die im Winter feucht sind und klamm und dunkel.

Als ich Deutschland vor nun etlichen Jahren verließ, glich dies – ich kann es nicht anders beschreiben – der Flucht aus einer unglücklichen Ehe, für die ich alles getan hatte, die mich am Ende aber doch völlig zerstört zurückließ. Dabei gab es vielleicht nicht das eine einschneidende Erlebnis, das mich davonjagte, oder den einen großen und skandalösen Fall, der mich bestimmte, das Land zu verlassen, in dem ich groß geworden bin. Eher war es die Fremdheit, die ich immer wieder empfand und mit der mir begegnet wurde, die Fremdheit und das Gefühl, unzureichend zu sein, nicht zu genügen, nie zu genügen, ein Kreislauf von Ohnmacht und Scham ... Vielleicht verstehen Sie mich, wenn ich Ihnen von einer großen Ermittlung berichte, die ich als gerade beförderter Erster Staatsanwalt führte und in der sich all diese Eindrücke bündelten wie Licht, das durch ein Brennglas fällt. Dabei ist die Geschichte selbst voller Dunkelheit.

A. T.

1

Es war wenige Wochen nach meiner Beförderung zum Ersten Staatsanwalt und dem Abschied von Margarethe, als ich an einem kalten Februarmorgen einen Anruf erhielt, der mich tief in meine Vergangenheit zurückwarf.

»Antonio, bist du es?«, klang die von Tränen erstickte Stimme einer Frau durch den Hörer. »Antonio, er ist tot.«

Zwanzig Jahre lang hatte ich diese Stimme nicht gehört und zwanzig Jahre waren damals mehr als mein halbes Leben. Trotzdem erkannte ich sie sofort. Es war, als dränge die Stimme unmittelbar aus meiner Kindheit zu mir. Auch mir schossen die Tränen in die Augen, dabei blieb ich wie gelähmt und wusste nicht, was ich antworten sollte. Am liebsten hätte ich einfach nur den Hörer zur Seite gelegt und geschwiegen.

»Antonio, Antonio, hörst du mich? Bist du noch dran?«, fragte die Stimme aus meiner Vergangenheit.

»Ja«, antwortete ich. »Ja, ich bin noch dran. Entschuldigung, ich wusste nicht, was ich sagen sollte.«

»Kommst du zur Beerdigung?«

»Ja, natürlich, natürlich komme ich. Er war doch ...« Mein Freund, wollte ich sagen, er war doch mein Freund. Aber es kam mir seltsam vor, jemanden Freund zu nennen, den ich in den letzten zwanzig Jahren vielleicht viermal gesehen hatte. »Ja, natürlich werde ich kommen«, wiederholte ich.

»Ihr wart so gute Freunde«, sagte sie an meiner Stelle.

»Ja, das waren wir. Er war mein bester Freund«, antwortete ich und dachte: Er war mein einziger Freund.

»Ja, das war er«, sagte Frau Schreiber, »er hat immer viel über dich gesprochen, auch später noch, als ihr euch aus den Augen verloren habt. Er war sehr stolz auf dich.«

»Ich …«, begann ich, aber ich wusste nicht weiter. Was sollte ich antworten? ›Ich habe auch über ihn gesprochen? Ich habe viel an ihn gedacht?‹ – »Es tut mir leid«, sagte ich stattdessen.

»Ja, ich weiß«, sagte Frau Schreiber.

»Woran ist er gestorben?« Die Frage brach aus mir heraus. »Er war doch noch so jung!« Ja, »jung«, sagte ich, obwohl es merkwürdig klang, jemanden jung zu nennen, der so alt war wie man selbst. Aber doch, er war jung – jung, zu jung für den Tod.

»Er … Er war sehr krank«, sagte Frau Schreiber, »er war sehr krank.« Dann schluchzte sie und legte auf; ich ließ den Hörer sinken.

*

Vittorio Schreiber, Vittoriuzzo für meine Eltern, s' Viktorle für die wohlwollenden Schwaben um uns herum, Vittò für mich, war der nicht eheliche Sohn eines sizilianischen Gastarbeiters und einer Deutschen, deren Liebe daran zerbrechen musste, dass der Sizilianer in Italien bereits verheiratet und Vater von drei Söhnen war. Arcangelo Orlando, ein Freund und Kollege meines Vaters, war ungewöhnlich groß für einen Sizilianer, selbst für einen Italiener ungewöhnlich schön und von ansteckender Fröhlichkeit. Wie mein Vater hatte er eine Schwäche für die Karten und den Wein, mehr noch aber für Berliner, Krapfen und Spritzgebäck, von denen er behauptete, sie erinnerten ihn an seine Heimat, und die er beinahe täglich in seiner Lieblingskonditorei am Marktplatz einkaufte, wo die damals junge Frau Schreiber – gute schwäbische Tochter, die sie war – am Verkaufstresen stand, um ihren Eltern zur Hand zu gehen. Frau Schreiber musste seinerzeit, so jedenfalls konnte ich es den leicht anzüglichen Bemerkungen meines Vaters entnehmen, eine ziemlich attraktive Frau gewesen sein, die mit ihren blonden Haaren, langen Beinen und einer ansehnlichen Oberweite nicht minder zu Erfolg und Umsatz der Konditorei beitrug als die legendären Kuchen ihres Vaters. Es konnte also nicht ausbleiben, dass Arcangelo und sie sich täglich sahen; es konnte nicht ausbleiben, dass sie auf ihn aufmerksam wurde und dass sie sich in ihn und seine strahlenden Augen verliebte, konnte dann eben auch nicht ausbleiben, auch wenn ihr Vater sie windelweich schlug, als er hörte, sie habe sich mit ihm eingelassen – niemand weiß, was für ihn schwerer zu ertragen war, der Umstand, dass Arcangelo verheiratet oder dass er Ausländer war –; ja, und auch der Skandal konnte nicht ausbleiben, als diese Liebe Früchte trug und Frau Schreiber einem bildhübschen Jungen das Leben schenkte, der dunkel und schön wie sein Vater war und den sie Vittorio taufte, in Anlehnung an Vittorio Gassman, den einzigen Deutschitaliener, den sie kannte, Vittorio, Vittorio Schreiber.

Wann ich ihn kennengelernt habe? Ich weiß es nicht mehr, nach meinem Gefühl kannte ich ihn schon immer, obwohl unsere erste Begegnung erst nach meiner Ankunft in Deutschland gewesen sein kann. Arcangelo wohnte nur zwei Häuser weiter, ich nannte ihn Zio, Onkel, seit ich ihn zum ersten Mal gesehen hatte, seitdem ich überhaupt denken und mich erinnern kann. Sizilien war weit, die Liebe groß. Es ließ sich auch mit Kompromissen leben. Wenn Frau Schreiber, Arcangelo und Vittorio spazieren gingen, dann kamen sie bei uns vorbei, und Vittò und ich spielten miteinander. Wenn seine Mutter jemanden brauchte, der auf ihn aufpasste, dann brachte sie ihn zu meiner Mutter, und auch dann spielten wir miteinander. Und wenn unsere Väter beschlossen, mit ihren Jungs durch Sindelfingen zu flanieren, um der schwäbischen Welt zu zeigen, wie gut das Schicksal es mit ihnen meinte, weil es ihnen hier in der Fremde doch zwei Söhne geschenkt hatte, dann liefen wir, rannten wir, stolperten wir Seite an Seite über das Kopfsteinpflaster. Wir spielten zusammen, wir aßen und schliefen zusammen. Als wir größer wurden, gingen wir morgens zusammen zur Schule und nachmittags zusammen auf den Fußballplatz. Wir schworen uns ewige Freundschaft und wie bei Winnetou und Old Shatterhand gab es nichts, was uns je hätte trennen können. Nichts. Oder nichts bis … bis Arcangelos Schwiegervater starb und seine Ehefrau, die genug hatte von den Gerüchten, die da von Deutschland immer wieder bis nach Sizilien waberten, ihn aufforderte, die kleine Bar in Noto zu übernehmen, die ihr Vater geführt hatte, wie es seit unvordenklicher Zeit besprochen und vereinbart war, weil sie andernfalls mit ihren drei Söhnen nach Sindelfingen kommen würde, um dort einen Skandal sizilianischen Ausmaßes zu veranstalten, von dem sich weder die schwäbische Kleinstadt noch diese blonde Puttana je wieder erholen würden. Arcangelo wollte, Arcangelo konnte sich nicht entziehen. Er liebte Vittorio und er liebte Frau Schreiber, er liebte sie wirklich, wie mein Vater mir zu erklären versuchte, aber er konnte sich der Familie und der Tradition nicht verweigern. Er ging und sah nicht zurück. Frau Schreiber verlor den Mann und schlimmer: Vittorio verlor den Vater.

Dreizehn Jahre alt waren wir damals und beide standen wir am Anfang dieser schweren Zeit, die uns von Jungs zu Männern machen sollte. Unsere Körper spielten verrückt, wir wussten gar nicht, wohin mit uns. Wir rauchten die ersten Zigaretten, tranken das erste Bier, schwänzten zum ersten Mal die Schule, stellten den Mädchen nach (auch das zum ersten Mal) und bezogen die ersten richtigen Prügel, weil sich ein älterer Bruder (der Metzgersohn, den ich wohl schon einmal erwähnt habe) und seine Kumpels genötigt sahen, die Ehre der Familie zu verteidigen, die wir vermeintlich beleidigt hatten, als wir seiner Schwester nachliefen. Als ich darauf mit einem blauen Auge und einer geschwollenen Nase nach Hause kam, fing ich mir ein paar Ohrfeigen von meinem Vater ein – aber nicht etwa, weil ich mich geprügelt, sondern weil ich offensichtlich verloren hatte – und wurde am nächsten Tag beim Boxverein angemeldet. Das war an Erziehungsmaßnahmen dann aber auch schon alles. Vittò dagegen stand mit gesenktem Kopf vor einer verzweifelten Mutter, die nicht wusste, was sie noch machen sollte, um den Jungen zu bändigen; einer Mutter, die die Konditorei zwischenzeitlich allein führen musste, weil ihre Eltern zu alt waren, die ihrem Sohn Mutter und Vater zugleich sein sollte und deren Herz gebrochen war. Ein böses Ende würde es noch mit dem Bankert nehmen, das hatte ihr Vater schon immer geraunt – sündhaft die Mutter, Ehebrecher der Vater – und Frau Schreiber fürchtete, sie erlebte den Moment, an dem dieses böse Ende seinen Anfang nahm, ganz genau jetzt, weshalb man auch genau jetzt etwas tun musste, um das böse Ende zu vermeiden. Später wäre zu spät.

*

Und jetzt sollte er tot sein. Der Satz kam mir unwirklich vor. Ich konnte mir nicht vorstellen, dass Vittò tot war, und es ihn auf dieser Welt ganz und gar endgültig nicht mehr geben sollte. Die Erkenntnis verschloss sich vor mir. Ich empfand deswegen im Moment auch gar keine Trauer. Dass ich zuvor geweint hatte, war eine Reaktion auf die Tränen seiner Mutter, nicht der Schmerz über meinen eigenen Verlust. Nachdem ich den Hörer aufgelegt hatte, empfand ich nichts mehr. In mir war es leer, und die Leere fühlte sich fremd an.

Ich trat zum Fenster und sah hinaus, ebenso gut hätte ich die Polizeiberichte weiterlesen können, wie ich dies zuvor getan hatte. Tief hing ein stählerner Himmel über den Dächern Freiburgs, die Wälder um die Stadt verbargen sich hinter den Wolken. Alles schien grau. Es würde noch regnen … Die Geschichten, die mich bewegen, beginnen offenbar immer an einem Regentag. Es war ebenso kalt draußen, wie es kalt war in mir.

2

Ja, wir wurden befördert. Einige Monate nachdem Margarethe und ich die Anklage gegen den ehemaligen Präsidenten des OLG Karlsruhe geführt hatten, wurden wir befördert, beide zu Ersten Staatsanwälten, beide vor der Zeit und beide natürlich zu Neid und Missgunst der Kollegen. In Freiburg war allerdings nur eine Planstelle frei, die andere gab es in unserer Landeshauptstadt, wobei mich die bloße Idee, ins Schwäbische zurückzukehren, um wieder in der Gegend zu leben, wo ich einen großen Teil meiner Kindheit und meine ganze Jugend verbracht hatte, mit Schrecken erfüllte. Für mich lag dort unter jedem Stein eine dunkle Erinnerung. Als wir von unserer Beförderung erfuhren – gleichzeitig, weil unser Chef uns in sein dunkles Büro zitiert hatte, um uns die Nachricht zu übermitteln und nachzufragen, wer von uns denn bereit wäre, nach Stuttgart zu wechseln –, sahen wir uns lange an, bis es schließlich Margarethe war, die nickte, lächelte und halb zu meiner Erleichterung, halb zu meiner Beklemmung eine Versetzung nach Württemberg akzeptierte. Sie muss gefühlt haben, wie sehr mich die Vorstellung einer Rückkehr in meine alte Heimat bedrückte.

»Ich gratuliere Ihnen, ich gratuliere Ihnen beiden von ganzem Herzen«, sagte Meißner in einem für ihn ungewohnten Überschwang und schüttelte uns dabei abwechselnd die Hand, während sich in meinem Herzen mein

Stolz über die Beförderung und der Kummer darüber, Margarethe zu verlieren, einen Kampf lieferten, von dem ich nicht wusste, welches Gefühl die Oberhand gewinnen würde. Ich starrte auf die hübsche Kopie des Davids von Donatello, den einzigen Schmuck, den Meißner seinem Büro gönnte, und sann darüber nach, dass diese Beförderung und die Trennung von Margarethe nun Lohn und Rache dafür waren, dass ich, als sie während der Ermittlungen gegen Joseph-Georg Müller ihre schwerste Zeit erlebte, heimlich eingegriffen hatte, um dafür zu sorgen, dass ihr der Fall anvertraut blieb und Meißner sie weiterhin unterstützte. Der Anruf damals aus dem Ministerium … kam nicht aus dem Ministerium, er kam von mir. Hatte man mir nicht oft genug gesagt, dass ich mich genauso anhörte wie unser Justizminister, sobald ich schwäbelte?

Ich half ihr beim Umzug, half ihr bei der Renovierung der Freiburger Wohnung und bei der Renovierung der Wohnung in Stuttgart, die sie in einem ziemlich verdreckten Zustand übernommen hatte. Ich tat alles, was ich konnte, um den Abschied so lange hinauszuzögern, wie es nur ging. Aber irgendwann waren alle Wände gestrichen, war das letzte Regal aufgebaut, das letzte Buch eingeräumt und die letzte Umzugskiste geleert. Sie verabschiedete sich von mir, wie ich sie kennengelernt hatte, als sie ihr Büro einräumte, in Jeans, weißem T-Shirt und einem Tuch im blonden Haar, von dem aus eine Locke in ihre Stirn hing. Wir umarmten uns und küssten uns auf die Wangen, und ich wusste, dass ich sie liebte wie einen fernen Stern.

»Stuttgart ist nicht aus der Welt«, sagte Margarethe zum Abschied. »Wir können uns immer und jederzeit besuchen.« Aber für mich war Stuttgart eben doch aus der Welt. Ich wusste es, habe aber nichts gesagt.

Und so verlor ich Margarethe – für immer, wie ich befürchtete.

Was ich dafür gewann? Eine Beförderung, ein wenig mehr Geld, viel mehr Verantwortung, viel mehr Arbeit. Freude gewann ich keine und Freunde erst recht nicht. War meine Stellung bei der Staatsanwaltschaft schon immer schwierig gewesen, wurde sie jetzt fast unmöglich. Früher hatte keiner der Kollegen mich zum gemeinsamen Essen oder zumindest zum Kaffee eingeladen, wie dies unter den anderen üblich war, und dass sich dies ändern würde, hatte ich nicht erwartet. Jetzt aber verstummten die Gespräche, wenn ich mich in der Markthalle, wo ich immer noch gerne zu Mittag aß, zu den Kollegen an den Tisch stellte. Sie lächelten dann zwar und beantworteten auch die ein oder andere Frage, die ich stellte, denn ich war ja nun für einige ein Vorgesetzter, aber der Kontakt blieb oberflächlich und kühl. Sie mochten mich nicht und jetzt, nach der Beförderung, mochten sie mich noch weniger als früher.

»Vielleicht sollte Sie emol ä Feschtle mache«, sagte Wachtmeister Imbery, dem aufgefallen war, dass mich die Kollegen mieden, und der sich eines Tages ein Herz fasste und mich darauf ansprach, als er mir eine Kiste Wein von seinem Hof am Kaiserstuhl brachte.

»Ein Feschtle?«, wiederholte ich.

»Bissle Wiie un ebbes zum Esse'«, sagte er und sah

mich aufmunternd an. Er meinte es gut mit mir. Aber nein, ein Feschtle geben, das wollte ich nicht.

*

Ich verlor Margarethe – ich hatte Vittò verloren. Schon am Tag nach der Prügelei mit dem Metzgerjungen und seinen Freunden kam er nicht mehr zur Schule. Wir konnten uns noch nicht einmal voneinander verabschieden. Frau Schreiber musste noch einige Telefonate geführt haben, dann packte sie einen Koffer und fuhr gleich darauf mit Vittorio im Konditorei-Lieferwagen davon. Über Karlsruhe ging es in den Süden, über Freiburg in den Schwarzwald und dort nach St. Blasien, in ein von Jesuiten geführtes Kolleg. Vittorio war zwar unehelich, aber doch gut katholisch. Über seine Herkunft rümpften sie vielleicht die Nase, aber das Geld, das die Konditorei abwarf, nahmen sie gern. Und gewiss versprachen sie Frau Schreiber, das zu tun, was sie als Frau nun einmal nicht vermochte, und dafür zu sorgen, dass aus ihm etwas wurde. Er war ein guter Junge. Ihm fehlten nur der Vater und eine harte Hand.

Gleich nach der Schule hatte ich ihn gesucht, um ihn zu überreden, mit mir in den Boxverein zu gehen, bei dem mein Vater mich anmelden wollte, aber ich fand ihn nirgendwo. Zweimal klingelte ich bei Vittò zu Hause, zweimal ging ich in die Konditorei und fragte nach ihm und seiner Mutter, zweimal drehte ich unsere Runde zwischen Bahnhof, Friedhof und Park. Nichts. Woher hätte ich auch wissen sollen, dass er zu dieser Zeit längst stumm und mit roten Augen im Lieferwagen neben seiner Mutter saß, die entschlossen war, alles zu tun, damit der Junge nicht auf die schiefe Bahn geriet, alles, selbst auf die Gefahr hin, ihn ebenso zu verlieren wie ihren Geliebten?

Ich erfuhr am Abend davon. Frau Schreiber rief an und erzählte es meiner Mutter, damit sie es mir so schonend wie möglich beibringen konnte, aber es half nichts. Es brach mir das Herz. Ich vermisste ihn, ich hasste sie. Ich beschwor meinen Vater, mit ihr zu sprechen, damit sie ihn zurückholte. Ich versuchte, Arcangelo in Sizilien zu erreichen. Ich schrieb Frau Schreiber einen Brief, in dem ich ihr drohte, Ratten in der Konditorei auszusetzen, wenn Vittò nicht zurückkam, und dann noch einen, indem ich sie beschimpfte. Ich war verzweifelt. Es half nichts. Vittorio blieb in der Ferne, und ich allein.

»Mannaggia, la miseria!«, sagte mein Vater eines Morgens am Frühstücktisch, als er mein trübsinniges Gesicht nicht mehr ertrug, und da hatte er es schon ziemlich lang ertragen. »Es ist bald Pfingsten. In den Ferien kommt er nach Hause und es wird alles wieder so sein wie früher. Keine Sorge.« Er sagte es natürlich auf Italienisch, er sprach nie Deutsch mit mir. »E adesso smettila di fare quella faccia!«

Und so wartete ich auf die Pfingstferien, wie ich noch nie auf Ferien gewartet hatte. Ich strich die Tage im Kalender durch. Noch zwanzig, noch neunzehn, noch achtzehn … und plötzlich waren die Ferien da und Vittorio kam zurück, aber nichts, nichts war mehr so wie früher.

Ich erwachte in aller Herrgottsfrühe. Es war beinahe noch dunkel, als ich mir in der Küche selbst ein kleines Frühstück bereitete, das ich dann vor lauter Aufregung nicht herunterbekam. Ich ging in mein Zimmer zurück, setzte mich auf mein Bett und wartete. Ich stand auf, ging ans Fenster und wartete. Ich sah auf die Straße vor unserem Haus und wartete. Wann würde er auftauchen? War er schon wach, wie ich? Leider konnte ich nicht so einfach zu ihm rübergehen; seit meinen Drohbriefen war Frau Schreiber nicht mehr gut auf mich zu sprechen. Wie behandelten sie ihn wohl in diesem blöden Kolleg, fragte ich mich. Und wartete. Und wartete und wartete, während der Morgen graute, die Sonne aufging und einen heiteren Tag versprach, wartete, während das verschlafene Sindelfingen erwachte und sich nach und nach die Wege und Gärten mit Menschen, die Straßen mit Autos und die ganze Gegend mit Leben füllte. Ich sah einfach nur auf die Straße vor unserem Haus und wartete auf Vittò, und irgendwann tauchte ein Junge auf, ein Junge mit kurz geschnittenen Haaren, einer Stoffhose und einem Blazer, tauchte auf und lief die Straße entlang und an unserem Haus vorbei. Stoffhose, kurze Haare, Blazer … Ich hätte ihn beinahe nicht erkannt. Wir trugen damals Jeans mit Schlag, bunte Hemden und Lederjacken – oder Jeansjacken oder meinetwegen Parkas. Wir trugen halblange Haare und Föhnwellen. Was wir nie und unter keinen Umständen trugen, waren kurze Haare, Stoffhosen und Blazer.

Ich riss das Fenster auf. »Vittò, Vittò!«, rief ich. »Ich bin hier, ich bin hier oben! Warum kommst du nicht?«

Vittò ging ein paar Schritte weiter, als habe er nichts gehört, dann drehte er sich zu mir und winkte mir zu, ohne anzuhalten. Er hatte ein kleines Büchlein in der Hand, fiel mir auf.

»Vittò!«, rief ich noch einmal laut, so laut, wie nur ein kleiner Italienerjunge rufen kann. »Vittò, wohin gehst du denn?«

»Zur Kirche«, rief er zurück und ging weiter, ohne anzuhalten. Zur Kirche. Es war zehn Uhr – ich war seit fünf Stunden wach.

3

Eine Woche später war die Beerdigung. Ich hatte meine Eltern angerufen, um mir den genauen Tag nennen zu lassen. Sie waren jetzt beide in Rente, wohnten aber immer noch in ihrer kleinen Wohnung in Sindelfingen. Sie hatten einen kleinen Schrebergarten in einer Laubenkolonie, die zur einen Hälfte aus Italienern und zur anderen Hälfte aus Spaniern, Portugiesen und Kroaten bestand, und unter denen sie sich wohlfühlten. Ihren Traum, nach Italien zurückzukehren, hatten sie ausgeträumt. »Was sollen wir denn da? Da wartet keiner mehr auf uns.« Wie aus einem Mund kam die Antwort, wenn jemand sie fragte, ob sie sich nicht zurücksehnten. Früher waren sie zumindest noch im Sommer in die alte Heimat gefahren. Irgendwann aber hatten sie Neckermann und Pauschalurlaube in Griechenland entdeckt. Griechenland war ruhiger als Italien und viel billiger und gefiel ihnen fast besser. Natürlich aß man in Griechenland nicht so gut wie in Italien, aber wo in der Welt tat man das schon?

Meine Mutter weinte, als ich ankündigte, nach Sindelfingen zu kommen, um zu Vittòs Beerdigung zu gehen. »Ma poi, resti qualche giorno, dai! – Ja, komm schon, bleib ein paar Tage«, beschwor mich mein Vater, dem sie schnell den Telefonhörer weitergegeben hatte, weil sie nicht wollte, dass ich ihr Schluchzen hörte. »Tua povera mamma!«

Meine arme Mutter … Was? Vermisst mich, ist alleine, trauert um Vittoriuzzo? Und was war mit ihm, meinem Vater?

Sie hatte mein altes Zimmer für mich hergerichtet. Ihre Nähmaschine stand jetzt neben dem Fenster und ihr Bügeltisch hinter der Tür, ansonsten war es unverändert, wie ich es als Neunzehnjähriger verlassen hatte: mein alter Sperrholzschrank mit Panini-Bildern, mein Schreibtisch mit den Flugzeugmodellen, die ich eine Zeit lang gebaut hatte, mein Bett mit der alten durchgelegenen Matratze. Meine Mutter schluchzte, als sie mich so in diesem Zimmer stehen und meinen Koffer abstellen sah – mit dunklem Anzug und dunkler Krawatte zwischen den Zeugnissen meiner Kindheit. Da kehrt ein kleiner Junge nach Hause zurück, nur dass er jetzt einen Anzug trägt, Karriere gemacht hat in der fremden Welt und denkt, er sei ein Mann. Ich fühlte, dass sie mir etwas sagen wollte, aber die Worte nicht fand. Sie setzte zu sprechen an, schloss den Mund aber gleich wieder. Ich versuchte, sie durch meine Trauer über Vittòs Tod hindurch anzulächeln, um ihr zu zeigen, dass ich zwar wegen der Beerdigung da war, mich aber trotzdem freute, sie zu sehen, aber der Ausdruck gelang mir nicht gut.

»Jetzt schau dich an, wie dünn du geworden bist!«, meinte sie plötzlich. »Du musst unbedingt noch etwas essen, bevor wir zu dieser traurigen Sache gehen. Ich hab gefüllte Auberginen gemacht.«

Das war es nicht, was sie mir ursprünglich hatte sagen wollen. Es war zwar eine fixe Idee meiner Mutter, dass ich zu dünn werden könnte und immer wenn ich zu Hause war, unbedingt noch etwas essen musste – sie hatte nicht die gleiche Vorstellung von einem schönen und gesunden Männerkörper wie eine deutsche Frau –, aber hinter dem ziemlich resoluten Ton, den sie als italienische *Mamma* anschlug, verbarg sich etwas anderes.

»Ich verhungere schon nicht«, sagte ich lachend. »Hier in Deutschland verhungert niemand so leicht.«

Sie sah mich entsetzt an und bekreuzigte sich, um Unheil abzuwehren. »Du weißt nicht, wovon du sprichst«, antwortete sie.

»Lass gut sein, *Mamma*. Heute Abend esse ich deine Auberginen«, versprach ich, um sie zu beschwichtigen. Ich hätte sie gerne in den Arm genommen, aber ich fand den Weg nicht zu ihr. Stattdessen drehte ich mich zum Fenster und sah hinaus auf die Straße, so wie ich es vor –

wie lange mag es her sein – mehr als fünfundzwanzig Jahren gemacht hatte, als Vittò mit kurz geschorenen dunklen Haaren, Stoffhose und Blazer die Straße hinunterging, ohne auf mich zu warten und ohne auch nur anzuhalten.

*

Ich rannte ihm hinterher, ohne nachzudenken. Ich ließ die Wohnungstür auf und stürmte das Treppenhaus hinunter. Ich erwischte ihn erst kurz vor der Kirche.

»Vittò, Vittò!«, rief ich. »Was ist denn mit dir? Was willst du denn in der Kirche? Es ist heute doch noch nicht einmal Messe!«

»Ein Christ geht nicht nur zur Messe in die Kirche«, antwortete er, ohne seinen Gang zu verlangsamen.

»Ja, aber anschließend … anschließend treffen wir uns, ja?«, stammelte ich außer Atem.

»Nein, Andò, tut mir leid. Ich habe keine Zeit«, antwortete er gefasst, beinahe kühl. Und noch immer hielt er nicht an.

»Aber, Vittò! Es sind Ferien. Ich habe auf dich gewartet. Wir sind doch Freunde …«, beschwor ich ihn. »Ich hab … Wir sind …«, wiederholte ich völlig fassungslos.

Endlich hielt Vittò an, aber er schüttelte den Kopf.

»Nein«, sagte er sehr ernst, sehr gefasst. »Wir sind keine Freunde. Was wir getan haben, war Sünde. Wir dürfen uns nicht mehr sehen.« Und mit diesen Worten drehte er sich um und ging entschlossen und mit steifem Rücken weiter.

»Vittò!«, rief ich ein letztes, ein allerletztes Mal und in diesem Ruf lag der Schmerz eines gebrochenen Kinderherzens. Es schüttelte mich, mein Magen verkrampfte sich und ich brach in Tränen aus – in aller Öffentlichkeit, eine größere Schande hätte ich mir damals gar nicht vorstellen können. Vittorio drehte sich nicht um. Nach einer Weile kam ein fremdes Mädchen und fragte, was mit mir sei. Ich schämte mich vor ihr, verschloss mein Herz und ging nach Hause zurück. Sie sah mir nach und winkte, als ich mich noch einmal nach ihr umdrehte.

※

Wir gingen zu Fuß zur Kirche, meine Mutter, mein Vater und ich. Es war kalt und feucht. Wir schlugen die Arme um uns und verbargen uns in den Mänteln. Das Geläut der Glocken tönte schon von Weitem in seinem dunkelsten Klang, es stimmte die Seelen der Trauernden ein. Wir gingen den gleichen Weg, den ich damals hinter Vittò her gestürmt, den gleichen Weg, den ich mit verheulten Augen und verschlossenem Herzen zurückgegangen war.

Die Trauergemeinde versammelte sich vor Peter und Paul, nur stockend trat man ein. Mäntel, Anoraks, Schals, Hüte und Mützen. Die Menschen verbargen die Gesichter und sahen zu Boden. Viele trugen ein Blumengesteck bei sich. Zur Begrüßung nickten sie sich stumm zu. Wenige reichten sich die Hände. Anfangs glaubte ich, hier niemanden mehr zu kennen, aber je näher ich kam, desto mehr Gesichter stachen aus der Menge, an die ich mich erinnern konnte. Erst waren es die Alten, die ich erkannte; sie hatten sich am wenigsten verändert: da der Bäcker, da ein Lehrer aus dem Gymnasium, da ein Nachbar. Mit der Zeit erkannte ich auch die Jüngeren, da eine alte Schulfreundin mit roten Augen, dort ein Kollege vom italienischen Fußballverein, der dick geworden war, ein anderer, der nun eine Brille trug … Die Zeit war an niemandem spurlos vorübergegangen. Aber das tat sie nun einmal nicht.

Die Kirche war schmucklos und still. Obwohl wir allesamt katholisch waren, waren wir Italiener früher nur selten hier gewesen. Jetzt hatte sich die gesamte italienische Gemeinde versammelt. Vor dem Altar war ein Sarg aufgebahrt. Schwarz und mit goldenen Beschlägen schien es, als läge er in einem Meer von weißen Rosen, wie ein Boot im Wasser liegt. Ich trat nach vorne, um mich von Vittò zu verabschieden; wir hatten niemals Abschied genommen. Nicht, als seine Mutter ihn nach St. Blasien brachte; nicht, als er mich damals vor der Kirche von sich stieß; nicht später, als ich nach Freiburg ging, um Jura zu studieren. Neben dem Sarg stand eine Fotografie mit den Zügen eines sehr mageren dunklen Mannes, den ich kaum als meinen alten Jugendfreund wiedererkannt hätte. Die Augen, die mich aus dem Bild ansahen, lagen tief im Gesicht und waren anders als diejenigen, unter derem kalten Blick ich so verzweifelt war. Sie waren nicht mehr hart, nicht mehr gefühllos, sie schienen leer, leer und verloren.

Rechts von mir kauerte eine ältere Frau mit krummem Rücken in der ersten Bankreihe und verbarg ihr Gesicht in den Händen, Vittòs Mutter, wie ich annahm, verblüht und gealtert.

Ich ging mit gesenktem Blick zu meinen Eltern zurück, die in einer der mittleren Bankreihen Platz gefunden hatten. Meine Mutter hatte verweinte Augen. Sie nickte mir zu und nahm meine Hand. Sie wusste, wie es um mein Herz bestellt war.

Nach und nach klangen die Glocken aus, es blieb nur der dunkle Schlag der Totenglocke, der sich in langen, wehmütigen Abständen wiederholte, weil zuletzt nur der Tod bleibt. Dann trat ein Priester an die Kanzel, betete mit der Gemeinde und sprach über den Toten, von dessen schwerer Krankheit, die er tapfer ertragen hatte, die aber letztlich stärker war als sein Lebenswille, sprach von dessen Liebe zu Gott, die ihn von früh an beseelt und die er gerade kurz vor seinem Tod in seinem Herzen wiederentdeckt hatte, sprach der Mutter und der Familie Trost zu, sprach von den Wegen des Herrn, die zu ergründen nicht des Menschen sei. Sprach vom Reich Gottes, wo wir uns dereinst alle wiederbegegneten in der Gnade des Vaters, des Sohnes und des Heiligen Geistes. Betete erneut und trat zurück, um die Friedhofsdiener den Sarg hinausschieben zu lassen, auf einem kleinen Wagen, der das Blumenmeer teilte. Der Priester folgte dem Sarg als Erster, dann reihten sich nach und nach Vittòs Mutter und die Verwandten ein, die ganz vorn gesessen waren, es folgten die weiteren Bankreihen und so fort. Ein paar Meter hinter Vittòs Mutter ging ein älterer Italiener mit rot verheulten Augen, gebeugt, aber immer noch größer als die anderen, die Haare grau und doch immer noch voll. Ihm folgten drei gleichfalls groß gewachsene, jüngere Männer mit dunklen Gesichtern, deren Züge ihm ähnelten, nach meinem Eindruck aber grober waren als seine. Er sah mich an, als er an mir vorbeiging. Ich wusste nicht, ob er mich erkannte.

Schweigend folgten wir dem Sarg bis zum Friedhof. Die Totenglocke hatte wieder zu schlagen begonnen. Aus den Schornsteinen stieg Rauch auf. Ein Schwarm Krähen zog am Himmel seinen Weg.

Als wir am Grab ankamen, hoben die Gärtner den Sarg an Riemen an und ließen ihn so mühelos ins Erdreich hinab, als hätte er gar kein Gewicht. Der Priester sprach das Vaterunser; er sprach es auf Italienisch, für uns, für die italienische Gemeinde Sindelfingens, und niemand, der nicht einfiel in seine Worte. »Padre Nostro che sei nei Cieli, sia santificato il tuo nome, venga il tuo regno, sia fatta la tua volontà ...« Dein Wille geschehe, dein WILLE geschehe, dein Wille GESCHEHE –

Danach wandte sich der Priester zum offenen Grab, betete still, benetzte den Sarg mit Weihwasser und ließ ein wenig Erde in die Grube fallen.

*

Ich sah ihn in den folgenden Jahren nur in den Ferien und nur aus der Ferne. Wenn sich unserer Wege zufällig kreuzten, blickten wir beide zur Seite, bestenfalls nickten wir uns zu. Ich hätte mir gewünscht, er hätte einmal das Wort an mich gerichtet, aber er tat es nicht. Ich bedeutete ihm nichts mehr. Ich war Teil seiner Vergangenheit, für die er sich schämte, wie ich allmählich begriff, zur Gegenwart und Zukunft sollte ich nicht mehr gehören.

Vittò wurde größer und erwachsener, aber stets blieben seine Haare kurz, stets trug er Stoffhosen, stets einen Blazer oder ein Sakko. Meine Kleidung wechselte mit den Moden und Cliquen, an die ich Anschluss suchte, seine blieb gleich. Trotzdem veränderte er sich. Sein großer und schlanker Körper, um den ich ihn früher so beneidet hatte, wurde ungelenk. Die Schultern standen zu hoch, die Arme zu steif, sein Rücken schien zu gerade und zu unbeweglich. Früher war er nicht nur ein guter Sportler gewesen – auch darum hatte ich ihn natürlich beneidet –, sondern hatte Grazie besessen, vermutlich ohne sich ihrer bewusst zu sein, Grazie wie ein Tänzer. Wenn ich ihn jetzt wiedersah, schien er ständig unter Spannung zu stehen; die Anmut, die ihm früher zu eigen gewesen war, hatte er verloren. Irgendwann hieß es, er werde ins Priesterseminar eintreten. Meine Mutter berichtete es in einem gewissen mütterlichen Ton, der mir sagen sollte, dass es eine Ehre sei, wenn ein Priester zur Familie gehörte, aber ein, zwei Jahre später verließ er das Seminar wieder, und es verloren sich seine Spuren.

Nur einmal, ein einziges Mal, haben wir uns in dieser Zeit wiedergesehen und noch ein Wort wechseln müssen – zufällig und aus Verlegenheit. Ich hatte damals schon zu studieren begonnen und besuchte über das Wochenende meine Eltern. Um ihr eine Freude zu machen, ließ ich mich überreden, mit meiner Mutter einkaufen zu gehen, und im Samstagsgetümmel eines Discounters stießen wir zufällig zusammen. Ich habe ihn nicht und er mich nicht kommen sehen, sonst wären wir uns sicher auch an diesem Tag aus dem Weg gegangen. Aber so standen wir eben plötzlich voreinander, erschraken und wussten nicht, was wir sagen sollten.

»Oh, hallo, Antonio«, begrüßte er mich nach einer gefühlten Ewigkeit und »Hallo, Vittorio« antwortete ich. Nach einer weiteren gefühlten Ewigkeit fragte ich ihn, wie es ihm gehe, und er antwortete: »Gut«, und sonst nichts, blieb aber vor mir stehen. Weil ich dann nicht weiterwusste, erkundigte ich mich nach seinem Vater, was ich besser nicht getan hätte.

»Mein Vater?«, antwortete er bitter. »Keine Ahnung. Ich hab nie wieder irgendetwas von ihm gehört.« Dann drehte er sich um und ging – ohne jeden Gruß.

4

Am Abend saßen wir zu dritt am Küchentisch und aßen. Es war, als wäre die Zeit zurückgedreht, als wäre ich noch der kleine Junge von damals, der in derselben Küche sitzt und mit dem gleichen Besteck von denselben Tellern isst wie damals. Nur dass meine Eltern so seltsam alt geworden waren *und so klein.* Mein Vater war fast so kahl und rund wie ein Buddha. Meine Mutter dagegen schien das Gewicht verloren zu haben, das er zu viel auf den Rippen trug. Ihr Rücken war gekrümmt unter der Last der Jahre und ihr Gesicht so abgemagert, dass die Nase aussah wie der Schnabel eines Raubvogels. Während mein Vater aber müde und träge geworden schien – selbst das Spiel seiner Züge war verkümmert in seinem dicken Gesicht –, bewegte sie sich mit einer beinahe beängstigenden Energie, richtete die Teller, servierte das Essen, räumte ab … Die gefüllten Auberginen, von denen sie schon gesprochen hatte, waren nur ein Teil der Vorspeise, zu der auch noch gebratene Zucchini, Carpaccio, Mozzarella, eingelegte Artischocken und Pilze gehörten. Es folgten die Pasta al ragù, Polpette con sugo rosso als kleiner Zwischengang, Braciole neapolitane als Hauptgericht, das ich schon nicht mehr ohne Zwang herunterbekam, und eine Cassata als Dessert stand mir noch bevor. Es war üppig, maßlos, köstlich, völlig übertrieben und in alldem vollkommen italienisch.

»*Mamma!* Ich kann nicht mehr«, stöhnte ich, als sie mir noch eine dritte Rinderroulade auf den Teller legte.

»Sei still und iss!«, herrschte sie mich an. »Sieh doch nur, wie mager du geworden bist. Nichts ist mehr an dir dran. So findest du sicher keine Frau.«

Dass ich mager geworden wäre, war natürlich barer Unsinn. Ich hatte zwar das Training vor ein paar Monaten wieder aufgenommen, aber zu meinem Entsetzen feststellen müssen, dass selbst das Boxen bei einem Mann meines Alters keine Wunder mehr wirkt.

»*Mamma*, die deutschen Frauen wollen keine dicken Männer«, protestierte ich.

»Na und? Wer spricht von einer deutschen Frau? Ich möchte eine Italienerin als Schwiegertochter. Eine Cousine von mir hat eine sehr schöne Tochter.«

»Eine Cousine von dir hat *was?* Willst du mich etwa verkuppeln? Wir sind nicht mehr im Mittelalter«, protestierte ich. »Hier werden keine Ehen arrangiert.«

»Dann arrangiere dir eben selber eine. Du bist fast vierzig. Wenn du dich nicht beeilst, dann will dich keine mehr. Noch nicht einmal eine Deutsche!«

»*Mamma!* Ich will keine Ehefrau. Ich muss mich auf meine Arbeit konzentrieren.«

»Aha!«, antwortete sie mit zornigem Blick. »Mein Sohn, der feine Herr, denkt mal wieder nur an sich.«

»Was soll das denn heißen?«

»Du hast dir wohl nie überlegt, dass ich irgendwann auch gerne Enkelkinder hätte, oder?«

»Enkelkinder?«, wiederholte ich begriffsstutzig, denn tatsächlich hatte ich mir nie überlegt, dass meine Mutter gerne Enkelkinder hätte. Seitdem ich fünfzehn Jahre alt war, lag sie mir in den Ohren damit, ja kein Mädchen unglücklich zu machen – wie sie es nannte. Dabei hatte ich dafür ohnehin kein Talent. Ich war viel besser darin, mich von ihnen unglücklich machen zu lassen.

»Ja, Enkelkinder«, sagte sie trotzig, warf ihre Serviette auf den Tisch und stand auf. »Sieh dir die arme Ingrid an! Ihr Sohn ist tot und sie hat nichts mehr.« Und mit diesen Worten ging sie hinaus und schlug die Tür zu.

»Papà, ma che cos' ha – was hat sie denn?«, fragte ich meinen Vater, der unserem Gespräch gleichmütig und ohne jede Regung gefolgt war. Er zuckte mit den Schultern und kaute weiter an dem Bissen, den er sich gerade in den Mund gesteckt hatte. Er war still geworden in den letzten Jahren – ein stiller, kauender Buddha. Dabei war er früher derjenige gewesen, der das Wort führte, draußen wie zu Hause, auch wenn es am Ende doch meist nach dem Willen meiner Mutter ging. Aber nach und nach hatte sie ihm nicht nur das Entscheiden, sondern auch das Reden abgenommen.

»Verhungert …«, sagte er irgendwann leise, mehr zu sich selbst, als an mich gerichtet, trank einen Schluck Rotwein und schüttelte den Kopf. »Kann man sich das vorstellen? Dass ein Mann verhungert, freiwillig? Habe ich noch nie gehört.«

»Verhungert? Wer ist verhungert?«, fragte ich.

»Sie sagen, es ist eine Krankheit bei Mädchen. Aber bei einem Mann?«

»*Papà*, wer ist verhungert?«

»L'amico tuo!«, antwortete er laut, fast brüllend und sah mich zum ersten Mal an dabei. Auf seiner Stirn glänzte der Schweiß. »Sie wollte nicht, dass wir es dir sagen«, fuhr er leise fort und wies mit dem Kopf in Richtung Küchentür, hinter der meine Mutter verschwunden war. Er wusste, sie würde ihm Vorwürfe machen, dass er sich nicht an ihr Gebot gehalten hatte. Dann blickte er wieder auf seinen Teller und nahm den nächsten Bissen.

»O dio!«, war das Einzige, was ich herausbrachte.

Verhungert – es wäre gelogen, wenn ich behaupten würde, dass ich noch nie gehört hätte, dass ein Mann verhungerte, in Deutschland und ohne äußere Not; verhungert, weil er nicht mehr essen wollte oder auch einfach zu essen vergaß.

Es gab da einen Professor in Freiburg, Johannes Denck, aber als Studenten nannten wir ihn nur Jonny, spöttisch die einen, weil er so eine seltsame Gestalt war, freundschaftlich die anderen, weil er so jugendliche Züge hatte und kaum älter zu sein schien als wir. Er war ungemein begabt und hatte sich schon früh habilitieren können. In Freiburg traf man ihn überall: in den Cafés, in den Studentenkneipen, bei den Weinfesten. Er war gern unter Leuten, aber er sprach nicht mit ihnen. Noch im größten Trubel saß er allein an einem Tisch und las eine juristische Fachzeitschrift, die NJW, die NZA, die Zeitschrift für Sozialrecht und wie sie alle hießen. Es war, als habe er sich die unlösbare Aufgabe gestellt, jede Entwicklung, die unser ausuferndes Fach nahm, und jede Kurve, die der juristische Fluss mäanderte, nachzuvollziehen, zu verstehen und in seinen Vorlesungen zu behandeln. Hierzu las er Tag und Nacht. Er musste geahnt haben, dass ihm die Entschlossenheit schadete, mit der er sich der Flut der juristischen Literatur stellte, und versuchte gegenzulenken und zumindest dadurch etwas für seine Gesundheit zu tun, indem er sich bewegte. Da ihm seine Lektüre aber keine Zeit für Sport oder auch nur für einen Sonntagsspaziergang ließ, baute er die Bewegung in seinen Alltag ein, weshalb man ihn nie einfach nur gehen, sondern immer nur laufen sah, gehetzt und atemlos, egal wohin er nun unterwegs war, in einen Hörsaal oder in ein Café. Das wirkte umso befremdlicher, als er sich offenbar verpflichtet fühlte, dabei stets Anzüge oder doch zumindest Sakkos zu tragen, auch wenn er die im Sommer mit Bermudashorts kombinierte, aus denen bleiche und dünne Beine heraustachen.

In Freiburg kannte ihn jeder, er gehörte zum Stadtbild wie der langhaarige und bärtige Bettler am Martinstor, der aus altem französischem Adel stammte, oder der Prediger auf der Kaiser-Joseph-Straße, der das Blut Jesu Christi beschwor, um uns alle zu retten.

Und eines Tages war er tot. Wir waren bestürzt, weil er doch kaum älter war als wir und er uns nun fehlte, weil man sich keine neuen Geschichten mehr über ihn erzählen konnte, weil da jetzt eine Leerstelle im Stadtbild war … Und bald hieß es, er sei – verhungert, einfach so, weil er vergessen hatte zu essen oder weil er seinen Körper kasteien wollte, oder warum auch immer ein Mann, der in Sicherheit und Wohlstand lebte und alt werden konnte, nicht mehr aß.

Und auch Vittorio sollte nun verhungert sein? Mein Vittorio, mein einziger, mein verlorener Freund? Es klang unglaublich und schien unglaublich, aber ich zweifelte keinen Moment daran, dass es wahr sein musste. Und ich sah seinen ausgemergelten Körper vor mir, sein eingefallenes Gesicht mit den großen Augen des Hungernden, Arme und Beine, die nur noch Haut und Knochen waren, und dieses Bild rührte mich so an, dass mir wieder die Tränen kamen, dort in der alten Küche meiner Eltern, vor den Augen meines Vaters, der, solange ich ihn kannte, gegenüber Männern, die je ein anderes Gefühl zeigten als Zorn oder Freude, immer nur Verachtung empfunden hatte. Er sah kurz zu mir – er musste mich wohl schluchzen gehört haben – und nickte schwer mit diesem großen, beinahe kahlen Kopf. Auch er hatte sich wohl verändert.

Dann aß er weiter.

5

Bevor ich anderntags zurückfuhr, ging ich noch einmal zum Friedhof. Der Himmel war verhangen und grau, und grau und verhangen waren die Straßen und Häuser; einer dieser erstarrten und farblosen Wintertage, in denen nichts sich regt, die Straßen leer bleiben und selbst die Wiesen und Büsche ohne Leben scheinen. Ich schritt den Weg ab, den gestern die Prozession genommen hatte, an den älteren Gräbern vorbei zu den neueren, bis ich ihn schon von Weitem vor Vittorios Grab stehen sah, den Rücken gebeugt, aber immer noch groß, das Haar grau, aber immer noch dicht. Er schien allein, seine Söhne, Vittorios Halbbrüder, waren nicht bei ihm.

Ich zögerte einen Moment in meiner Bewegung, weil ich zweifelte, ob ich ihn nicht besser alleine lassen sollte mit seiner Trauer, hatte aber einen so starken Drang, meinem Freund noch einmal Lebewohl zu sagen, dass ich es nicht übers Herz brachte, wieder zu gehen.

»Zio!«, sagte ich zur Begrüßung und trat neben ihn.

»Ah, sei tu – du bist es«, antwortete er, den Blick auf das einfache Holzkreuz gerichtet, das ein kleines Foto seines Sohnes trug. Es war das gleiche Bild, nur verkleinert, das gestern auch vor dem Sarg gestanden hatte. Dann wandte er sich zu mir, seine Augen waren rot und verweint, und er umarmte mich. Und dabei zitterte er, zitterte am ganzen Leib. Ich hatte den Vater meines Freundes nie anders erlebt als groß und stolz und strahlend; um ehrlich zu sein, hatte ich Vittorio immer beneidet um diesen Vater, der so viel eleganter und schöner und so viel gewandter war als mein eigner. Jetzt hatte ich das Gefühl, ein Kind im Arm zu halten.

»Ho perso il mio figlio – ich habe meinen Sohn verloren«, sagte er irgendwann, »l'ho perso mille volte e adesso l'ho perso per sempre. Ich habe ihn tausendmal verloren und jetzt für immer.« Und nachdem er dies gesagt hatte, löste sich ein Stöhnen aus seinem Inneren, das nichts Menschliches mehr hatte. So blieben wir eine Weile. Ich schloss die Augen, und die Erinnerung an Vittorio erstand mit der Wirklichkeit von Traumbildern vor mir. Vittorio, der lacht, Vittorio, der läuft, Vittorio, der mich anlächelt und mich in den Arm nimmt, Vittorio, der mir ein Geheimnis anvertraut, Vittorio, der lebt. Und jetzt war dieses Leben von ihm gewichen, weil er nicht mehr essen wollte oder nicht mehr essen konnte …

Die Kirchturmuhr schlug, und ein kalter Wind strich über die Gräber, aber für mich blieb die Zeit stehen, zumindest für diesen einen Augenblick.

Aber natürlich – auch dieser Moment verging, wie alle

vergehen müssen, und irgendwann löste sich der Vater meines Freundes aus meiner Umarmung und wandte sich wieder dem Grab zu, sah auf das Kreuz, sah auf die Blumen, die auf der aufgehäuften Erde lagen, und schwieg. Vielleicht hätte ich jetzt etwas Tröstendes sagen sollen, sagen sollen, dass sein Sohn der einzige Freund war, den ich je hatte, und über die ganzen Jahre auch mein einziger Freund geblieben war, aber ich schwieg, weil ich dachte, dass es für diesen Vater keinen Trost geben konnte, nicht heute, nicht morgen und niemals mehr. So blieb auch ich stumm, legte meine Hand auf seine Schulter und sah mit ihm auf das Holzkreuz mit Vittorios Namen und seinem Foto, sah auf das Grab und die Blumen und bildete mir ein, in ihnen lebte für einen Moment noch etwas von Vittorio fort.

Wie lange wir so gestanden sind? Ich weiß es nicht, eine Viertelstunde, eine halbe Stunde. Für uns löste sich die Zeit auf, wir trauerten, und in der Trauer hatte die Zeit keine Bedeutung. Ich weiß nur noch, dass ich irgendwann einmal ging und Arcangelo noch blieb.

»Ich muss jetzt fort, Onkel«, sagte ich zum Abschied.

Er nickte. »Geh ruhig, geh ruhig, mein Lieber. Ich bleibe noch ein wenig«, sagte er, ohne seinen Blick vom Grab zu nehmen. Und ich nickte und ging und war sicher, er würde noch den ganzen Nachmittag am Grab des Sohnes stehen bleiben. Und wenn niemand ihn abholte, dann auch noch den Abend und die Nacht.

Ich hatte den Friedhof gerade verlassen, als ich eine Stimme hinter mir rufen hörte.

»Herr Tedeschi? Sie sind doch Herr Tedeschi, nicht?«

Ich drehte mich um und sah, wie ein Mann mittleren Alters mir nachlief und winkte. Er trug eine Baskenmütze und einen schwarzen Mantel. Ohne das Ornat, das er gestern getragen hatte, hätte ich ihn beinahe nicht wiedererkannt. Es war der Pfarrer, der Vittorio beerdigt hatte. Auch er musste gerade auf dem Friedhof gewesen sein. Er kam zu mir, lächelte und streckte mir die Hand hin.

»Ich bin sehr froh, dass ich Sie noch treffe«, sagte er in einem so makellosen Hochdeutsch, dass er kaum aus der Gegend stammen konnte. »Ich habe Sie gestern bei der Beerdigung gesehen und mir gedacht, dass Sie Vittorios Freund sein müssen. Vittorio hat viel von Ihnen gesprochen.«

»Vittorio hat …?«, wiederholte ich überrascht. Dann erst erinnerte ich mich an die ausgestreckte Hand und ergriff sie.

»Wirklich viel über Sie gesprochen«, sagte der Pfarrer und legte mir die freie Hand auf die Schulter. »Ich war Vittorios Seelsorger und Beichtvater. Ich bin schon seit ein paar Jahren in dieser Gemeinde hier. Ich kannte ihn gut.«

»Ich …«, begann ich und sah zu Boden. Ich war einmal sein Freund und kannte ihn gar nicht mehr gut, hätte ich eigentlich sagen sollen, brachte es aber nicht übers Herz.

»Sie waren sein Freund, ich weiß«, sagte der Pfarrer stattdessen, »es ist für uns alle sehr schwer.«

Mit diesen Worten ließ er meine Hand und meine Schulter los, lächelte mich aber weiter an, lächelte mit diesem freundlichen, aufmunternden, mitfühlenden Pfarrerslächeln, das immer so sicher und zugleich nie ganz echt wirkt.

»Als Kinder waren wir Freunde«, sagte ich. »Ich wäre gerne sein Freund geblieben, aber das wollte er nicht.«

»Ich weiß auch das«, sagte der Pfarrer, »und es tut mir leid.«

»Ja, mir auch«, antwortete ich bitter und wandte mich zum Gehen. Der Mann war ein Fremder für mich, ich wollte nicht, dass er sieht, wie sehr mich die Zurückweisung Vittorios damals getroffen hatte und heute noch traf.

»Ihm tat es auch leid«, sagte der Pfarrer.

»Meinen Sie?«, antwortete ich. Ich hätte gehen sollen. Ich spürte, wie sich etwas in mir zusammenzog, das ich nicht benennen konnte.

»Wie gesagt, ich war sein Seelsorger.«

»Dann wissen Sie ja vielleicht auch, dass er sich von mir abgewandt hat, nachdem er seinen Glauben gefunden hatte«, sagte ich kalt. Ich hatte es in den ganzen Jahren für mich behalten und jetzt warf ich es ausgerechnet dem Pfarrer ins Gesicht, der meinen alten Freund beerdigt hatte und mich so gütig anlächelte. »Und jetzt? Jetzt ist er tot und verhungert!« Ich wusste nicht, wie mir geschah, aber die Erinnerung ergriff mich und drückte mich beinahe nieder, ich konnte mich gar nicht wehren gegen den Schmerz, den sie mit sich brachte. Ich fühlte mich wie damals, als ich gar nicht weit von hier beinahe in die Knie gegangen war, als hätte ich einen Schlag in den Magen bekommen, weil Vittò unsere Freundschaft kündigte.

»Er ist in einer besseren Welt«, sagte der Pfarrer in jenem eigentümlichen Ton, in dem sich die Sicherheit des Amtes mit einer gewissen Herablassung mischte.

»Hoffen wir!«, sagte ich. Wenn ich in diesem Moment irgendetwas nicht wollte, dann war es eine Diskussion über ein Leben nach dem Tod.

»Sie glauben nicht?«, sagte der Pfarrer.

»Nein«, antwortete ich.

»Das tut mir leid«, sagte der Pfarrer auch dazu. Ich zuckte nur mit den Schultern. »Vittorio hat Sie sehr bewundert. Vielleicht hilft Ihnen das über Ihren Zorn hinweg«, sagte er noch, aber da hatte ich mich schon umgedreht und ging. Mir war bewusst, dass ich ihn vor den Kopf stieß, aber von diesem Mann ging etwas aus, was mir zuwider war und nicht meine hellen, sondern meine dunklen Seiten nach außen kehrte. Was maßte er sich an?

»Auf Wiedersehen«, rief er mir nach. Als Kind meiner Erziehung erwiderte ich zumindest den Abschiedsgruß. Aber wiedersehen, wiedersehen wollte ich ihn nicht.

6

Ich wurde den Schmerz nicht los. Noch auf meiner Fahrt zurück nach Freiburg bohrte er sich tiefer und tiefer in mich. Kurz spielte ich mit dem Gedanken, in Stuttgart haltzumachen, um Margarethe zumindest einen Besuch abzustatten, aber meine Laune war so finster, dass ich kaum ein guter Gesellschafter gewesen wäre. Daher verwarf ich die Idee. Stattdessen quälte ich mich erst durch die typischen Stuttgart-Staus, um dann wie ein Idiot zu rasen, als die Autobahn nach Pforzheim halbwegs frei war. Erst allmählich und sehr langsam setzte mein Verstand wieder ein.

Ich war schon hinter Offenburg, als ich mir endlich die Frage stellte, wieso mich dieser Geistliche so abgestoßen hatte. War es, weil er in mir die Erinnerung an die Kränkung beschwor, die Vittorio mir beigebracht hatte und die offenbar bis heute nicht heilen wollte, oder war es der Priester selbst, das Amt und der Glaube, für den er stand? Der Mann war nicht unfreundlich zu mir und seine Absichten waren sicher gut gewesen. Was hatte mir also so zugesetzt? Es musste etwas geben, aber es fiel mir nicht ein. Und vielleicht traf ja auch zu, was er gesagt hatte, und Vittorio hatte wirklich oft über mich gesprochen und den Bruch zwischen uns ebenso bereut wie ich. Aber warum hatte er dann in all den Jahren nicht einmal zum Telefon gegriffen, um mich anzurufen? Auch wir waren irgendwann erwachsen geworden. Niemand hätte dem anderen nach den vielen Jahren etwas nachgetragen; wir hätten den Faden unserer Freundschaft dort wiederaufnehmen können, wo wir ihn abgelegt hatten. Wie war es nur möglich, dass er mir so viel und ich ihm so wenig bedeutete? Was hatte ich ihm denn angetan?

Sünde – das Wort spukte in meinem Kopf herum –, unsere Freundschaft sei sündhaft gewesen, hatte er behauptet, aber es passte so ganz und gar nicht zu dem, was ich mit unserer Freundschaft verband, und ich schüttelte unwillkürlich den Kopf. Wir waren dreizehnjährige Jungs, die Hormone stiegen uns zu Kopf, wir tranken Bier, wir rauchten, wir sahen Sexheftchen zusammen an und griffen uns dabei gegenseitig schmerzhaft in den Schritt, weil wir nicht wussten, wohin mit uns. Natürlich hätte ich dabei nicht von meinen Eltern erwischt werden wollen, aber keinen Augenblick lang kam ich auf die Idee, das, was wir da taten, könnte auch nur entfernt irgendetwas mit Sünde zu tun haben. Es waren Kindereien, nichts weiter. Im Gegensatz zu Vittorio ging ich allerdings damals nicht mehr zur Kirche und nicht zur Beichte. Und gerade als mir das klar wurde, fiel mir ein, wieso ich als kleiner katholischer Junge nicht zur Kirche gegangen war und auch nicht gehen musste. Die Wahrheit war, sie hatten uns da nicht gewollt. Der Pfarrer und die frommen Kirchgänger hatten uns nicht gewollt.

Ich war fünf Jahre alt, als ich in Deutschland ankam. Was mir an Kleidung und Spielzeug gehörte, passte in einen Karton; was meine Mutter besaß, fand Platz in einem alten Koffer. Trotzdem hatten wir unsere Sonntagskleidung. Sie: ein ernstes dunkles Kleid und einen weißen Schleier, den sie in Italien stets anlegte, wenn sie zur Messe ging. Ich: einen blauen Anzug mit kurzen Hosen, der mich zwickte und kratzte, aber wehe, ich hätte ihn zum Kirchgang nicht getragen! Der Schleier war noch von ihrer Mutter, ein sehr leichtes, spitzengeklöppeltes Gewebe, mit dem sie ihr schwarzes Haar bedeckte, bevor sie sich zur Messe aufmachte. So besucht eine Süditalienerin die Kirche, nicht anders; es wäre Sünde, das Haus des Herrn als Frau mit unbedecktem Haupt zu betreten.

Es war unser erster Sonntag in Deutschland. Wir waren gerade einmal drei Tage in diesem fremden Land und hatten die Wohnung, die mein Vater zuvor gefunden und für die Familie angemietet hatte, damit wir endlich nachziehen konnten, halbwegs eingerichtet, als meine Mutter mich weckte und mir auftrug, den Anzug anzuziehen; wir würden heute zum Gottesdienst gehen. Ich hatte auf nichts weniger Lust als auf einen Kirchgang und wäre lieber mit meinem Vater zu Hause geblieben. Er war, wie er immer wieder betonte, Arbeiter und als solcher Sozialist und hatte allein schon deswegen mit der Kirche und den Pfaffen nichts am Hut, aber sich meiner Mutter in Fragen meiner religiösen Erziehung zu widersetzen, dazu genügten weder seine Überzeugungen noch sein Mut. Also zog ich meinen engen Anzug, das Hemd und die Krawatte an und begleitete meine Mutter in ihrem dunklen Kleid und dem Spitzenschleier nach einem kleinen Frühstück zur Kirche, Hand in Hand, Mutter und Sohn.

Wenn ich mir dieses Bild heute vorstelle, dann denke ich, dass wir eigentlich einen hübschen Anblick abgegeben haben. Da meine schlanke Mutter mit ihrem schwarzen, in einem Dutt streng im Nacken verknoteten Haar und ihrem wie aus Olivenholz geschnitzten Gesicht, daneben ich, ein kleiner, etwas pummeliger Junge in einem blauen Anzug mit kurzer Hose, weißen Kniestrümpfen und einer Krawatte – ungewohnt für deutsche Augen, sicher, aber doch auch auf seine Art reizend und gewiss nichts, wofür man sich hätte schämen müssen.

Zur Kirche sind wir dann vielleicht ein bisschen zu spät gekommen, weil wir den Weg noch nicht kannten, jedenfalls gehörten wir zu den Letzten, die eintraten, und alle Augen waren auf uns gerichtet. Meine Mutter ging zum Becken mit dem Weihwasser, tauchte ihre Hand leicht ein und bekreuzigte sich mit dem Daumen, den sie zuletzt küsste. So taten wir dies in Italien immer. Gemeinsam traten wir zum Mittelgang; sie machte einen Knicks und ich verbeugte mich in Richtung des Altars. Man starrte uns an, als kämen wir aus einer anderen Welt, und vielleicht taten wir das ja auch. Nachdem wir uns gesetzt hatten, rückten die Nachbarn weg, aber nicht etwa aus Höflichkeit, um uns Platz zu machen. Man wisperte, man flüsterte, die Männer grinsten, die Frauen hoben die Augenbrauen und spitzten die Lippen. Keine von ihnen trug einen Schleier und kein Junge trug einen Anzug oder eine Krawatte, geschweige denn beides.

»*Mamma*, die Frauen hier tragen keinen Schleier«, flüsterte ich meiner Mutter leise ins Ohr. Ich dachte, sie hätte das nicht bemerkt, würde ihr Kopftuch nun schnell ausziehen und niemand würde uns mehr anstarren, aber das war für sie schlicht ein Ding der Unmöglichkeit und so behielt sie den Schleier an. Wir verstanden weder die Predigt noch die Gebete, wir kannten die Lieder nicht, die gesungen wurden. Wir erhoben uns, wenn sich die anderen erhoben, schlugen das Kreuz, wenn sie es vorgaben, murmelten »Amen«, wenn die anderen es taten, warfen eine Münze in die Kollekte, als sie an uns vorbeikam – immerhin das verstanden wir.

Nach der Messe stellte sich der Pfarrer an die Kirchentüre und verabschiedete die Gläubigen. Er war ein großer Mann mit aschblonden Haaren und einer dicken Hornbrille. Bescheiden reihten wir uns als Letzte in die Schlange ein. Sosehr man uns vorhin angestarrt hatte, so sehr ignorierte man uns jetzt. Der Pfarrer schüttelte Hände und plauderte angeregt mit jedermann. Als wir schließlich nach einer Viertelstunde des Wartens an die Reihe kamen und zu ihm traten, drehte er sich um und wandte uns den Rücken zu, als hätte er uns nicht gesehen. Meine Mutter erbleichte und blieb wie versteinert stehen. Beinahe hätte sie ausgespuckt, mit solcher Verachtung sah sie diesen Pfarrer und diese Gemeinde an. Ich musste sie mit mir ziehen, und gemeinsam gingen wir beinahe im Laufschritt nach Hause zurück, wo mein Vater uns erwartete und uns seinen Freund Arcangelo Orlando vorstellte – einen Italiener, schöner als die anderen, größer und fröhlicher – und seinen Sohn.

Nie wieder – nie wieder – besuchten meine Mutter und ich in Deutschland je wieder eine Messe. Zu meiner Erstkommunion reisten wir nach Italien.

7

In Freiburg zurück stürzte ich mich in Arbeit. Ich war mit meiner neuen Aufgabe noch nicht vertraut und versuchte, durch Fleiß zu meistern, was mir an Erfahrung und Weitsicht fehlte. Morgens war ich der Erste im Büro, abends der Letzte. Trotzdem hing ich in Gedanken immer wieder dem toten Freund nach. Und als ob diese Gedanken einen Ort bräuchten, um sich ganz zu entfalten und zu ihm zu finden, zog es mich langsam und kaum merklich zu den Kirchen. Wenn ich morgens und abends auf dem Weg zur Arbeit an der Anna- und gleich darauf an der Johannes-Kirche vorbeikam, dachte ich an meinen Freund. Wenn ich mittags, um mir nach dem Essen die Beine zu vertreten, über den Münsterplatz ging, wo die Bauern um diese Zeit gewöhnlich ihre Markstände abbauten, dachte ich an meinen Freund. Und wenn ich über den Rathausplatz schlenderte und an St. Martin vorbeikam, dachte ich an meinen Freund. Noch betrat ich die Kirchen nicht; das Münster hatte ich zum letzten Mal von innen gesehen, als mich ein Cousin aus Salerno besucht hatte, und das war sieben Jahre her. Das änderte sich, als ich einmal am Münsterportal vorbeikam, in dessen Schutz vier Frauen einen vielstimmigen Choral angestimmt hatten, der durch das Gewölbe so verstärkt wurde, dass ihr Gesang den ganzen Vorplatz des Münsters erfüllte. Von diesen Klängen augenblicklich gefangen, dachte ich, dass Gott, wenn es ihn denn gab, kaum einen anderen Ausdruck finden könnte als in solcher Musik. Ich stellte mich in den Schutz des Portals und lauschte. Ich wusste nicht, was die Frauen sangen, ich weiß es bis heute nicht. Ich weiß nur, ich fühlte mich ergriffen von einer vielstimmigen und zugleich strengen, von einer virtuosen und zugleich fast mathematischen Abfolge von Klängen kristallener Schönheit, die mir klar und majestätisch schienen wie ein Wintersternenhimmel.

Noch bevor die Sängerinnen das Stück ausklingen ließen, zog es mich – ich weiß nicht wie – in die Dunkelheit des Kirchenschiffs, wo der Gesang der Frauen verklang, sobald sich die Türe schloss. Kein Wispern drang in diese Mauern. In den Bänken rechts und links kauerten die Gläubigen. Es war kalt und dunkel, mein Atem dampfte. Zu meinem Erstaunen war der Altar verhangen. Ein großes Tuch verbarg ihn ganz. Darauf war die Kreuzigung zu erkennen: Jesu ausgemergelter Körper mit Dornenkrone und Glorienschein, zwei Engel rechts und links, die ihm schon den Weg zum Himmel weisen, während sein Blick noch die Mutter am Boden sucht, die ihn betend betrachtet, ausdruckslos beinahe. Während die Mutter so ganz ohne Regung bleibt, ist Maria Magdalena umso bewegter. Sie umarmt den Längsbalken des Kreuzes, als wäre es der Körper des Geliebten selbst. Auch sie sieht zu Jesu hinauf, aber nicht zu einem Heiligen, sondern zu einem Geliebten. In ihren Augen stehen Zärtlichkeit und Sehnsucht. Diese Magdalena ist nicht die bekehrte Sünderin des Religionsunterrichts, die dem Herrn in reiner und keuscher Liebe zugewandt war. Der mittelalterliche Künstler, der dieses Tuch bemalt hatte, sah genauer in das Herz des Menschen. Diese Magdalena war eine mit Geist und Körper liebende Frau und schämte sich nicht dafür. Ihre Liebe war ohne Zweifel groß, aber ebenso ohne Zweifel war sie nicht keusch.

Aber warum hing das Tuch hier? Wieso bedeckte es den ganzen Altarraum? Es dauerte eine Weile, bis ich verstand. Es war Anfang März, Fasnacht war vorbei, Ostern erst in ein paar Wochen. Es war Fastenzeit und was ich da sah, war das Freiburger Fastentuch.

Fasten – lag darin der Schlüssel zu Vittòs Tod? War er in einem religiösen Wahn gefangen gewesen, der ihm aufgab, seinen Körper durch Fasten zu kasteien, immer wieder und immer wieder, so lange, bis er entkräftet war und starb? Wie konnte er sich zu Tode hungern, ein junger Mann, der Hunger nach dem Leben und nicht nach dem Tod haben sollte?

Ich setzte mich in eine der Bänke, schloss die Augen und dachte an ihn. Dachte daran, was er mir bedeutet und wie sehr es mich getroffen hatte, als er mich verließ; dachte daran, wieso ich nie wieder einen Freund fand, der mir so viel bedeutete wie er, wieso es niemanden gab, der mir je wieder so wichtig gewesen war – zumindest keinen Mann. Warum war das so? Was zeichnete ihn aus vor allen anderen? Wieso war zwischen uns etwas erwachsen, das über die Kameradschaft zweier wilder Jungs weit hinausging – zumindest für mich. Was war es, das nur wir teilen konnten? Und warum hat er mich so von sich gestoßen? Wieso hatte er mich zurückgewiesen, als wäre ich … Der Gedanke kam mir beim Anblick des Fastentuchs … als wäre ich eine Frau? Ja, wie eine Frau! Vittò hatte sich nicht wie ein Freund von mir gelöst. Freunde, die das Interesse aneinander verlieren, trennen sich nicht abrupt, sie lösen sich unwillkürlich, allmählich. Ihre Treffen werden langweiliger, die Abstände zwischen den Treffen länger. Irgendwann geht man getrennte Wege, aber selbst dann wechselt man noch das ein oder andere Wort, wenn man sich zufällig trifft. Man sagt: »Hey, wie geht's?«, und bekommt ein »Ganz gut und dir?« zur Antwort, und dann bleibt man kurz stehen und denkt darüber nach, wie alt der andere doch geworden ist, und meint zum Abschied vielleicht auch noch, dass man unbedingt mal wieder ein Bier zusammen trinken gehen sollte. Dann verabschiedet man sich und ruft sich NIE, NIE an. So lösen sich Männerfreundschaften, man sagt nicht »Wir dürfen uns nicht mehr sehen!« zueinander. Das sagt man einer Frau, die man verlässt und sich aus dem Herzen reißt, weil sie mit dem besten Freund geschlafen hat oder vielleicht auch die Freundin des besten Freundes ist … So löst man sich von einer Frau, die einem das Herz gebrochen hat.

Gerade als ich das Münster verließ, klingelte mein Handy. Ich hatte es erst seit ein paar Wochen. Dass mich jemand darauf anrief, war für mich noch ungewohnt.

»Hey, Antonio, du bist ja gar nicht im Büro«, sagte eine Frauenstimme ironisch, nachdem ich abgenommen hatte. »Es ist doch schon fast halb zwei …«

»Ich weiß, ich war noch …« Ich unterbrach mich abrupt. Margarethe würde sich totlachen, wenn ich ihr erklärte, dass ich gerade aus der Kirche kam. Stattdessen begrüßte ich sie: »Schön, dass du anrufst.«

»Ja, nicht?«, antwortete sie. »Ich meine, wenn du dich nie meldest, muss ich das schließlich tun … Wie geht's dir?«

»Ich weiß nicht«, antwortete ich ausweichend.

»Ah …«, sagte Margarethe. Ich sah förmlich, wie sie am anderen Ende der Leitung ihre Stirn in Falten legte. »Du weißt nicht, wie es dir geht?«

»Doch, doch, eigentlich schon. Es geht mir nicht gut.«

»Was ist los?«

»Ich habe einen Freund verloren.«

»Oh, das tut mir leid.«

»Ja, mir auch«, sagte ich und musste mich schwer beherrschen, um nicht mitten auf dem Münsterplatz und vor allen Leuten loszuheulen.

»Was machst du dieses Wochenende?«, fragte sie nach einer kleinen Pause.

»Nichts, warum?«

»Weil ich dich besuchen komme«, sagte sie bestimmt. »Ich hab dir doch gesagt, dass Stuttgart nicht aus der Welt ist.«

»Hey, das ist schön, aber wo soll ich dich denn unterbringen?«

»Ach, Antonio, jetzt sei doch bitte nicht so kompliziert. Ich hab schon einmal in deinem Bett geschlafen, und wir haben es beide überlebt.«

»Wenn du meinst«, antwortete ich in Erinnerung an eine Nacht, in der ich kein Auge zugetan hatte, weil Margarethe neben mir lag, in Mondlicht getränkt, weiblich, unendlich nah und völlig unerreichbar.

Ich muss fröhlicher als sonst im Büro erschienen sein, denn Imbery, mein Lieblingswachtmeister, grüßte mich und meinte: »Ah, Herr Tedeschi, jetzt lache Sie ja endlich emol wieder!« Und er hatte recht, ich lachte endlich einmal wieder.

Als ich oben ankam, stand da der Karton ...

8

Es war ein großer Postkarton, wie man ihn zum Versand von Büchern nutzt. Er war an die Staatsanwaltschaft Freiburg und an mich persönlich adressiert. Einen Absender trug er nicht. Als ich ihn öffnete, fand ich einen Briefumschlag und ein gutes Dutzend Kladden vor mir, daumendicke Quarthefte, wie die Kaufleute sie früher für ihre Buchhaltung verwendeten. Ich wusste sofort, wem sie gehört hatten.

Wir hatten einen Geschichtslehrer an unserem alten Gymnasium, Herrn Ehminger, den ich verehrte wie kaum einen anderen. Er war anspruchsvoll und sehr gebildet, behandelte uns aber höflich und mit Respekt, als wären wir keine unbändige Horde von Knirpsen, Halbstarken und Backfischen, sondern seinesgleichen, reife und erwachsene Menschen, wenn auch jung, was uns wiederum dazu zwang, uns so zu benehmen, dass wir diesen Respekt auch verdienten. Es muss zu Beginn des fünften oder sechsten Schuljahrs gewesen sein, als er durch unsere Bänke ging, um zu kontrollieren, ob wir alle Hefte und Ordner besorgt hatten, wie er uns dies in der vorangegangenen Stunde aufgetragen hatte. Ich weiß noch, wie er neben meiner Bank stehen blieb und die schwarze Kladde hochhielt, die dort vor meinem Banknachbarn lag.

»Seht mal alle her«, sagte er laut und an die gesamte Klasse gerichtet, »so, genau so sollte ein Geschichtsheft aussehen.« Dann legte er das schwarze Heft zurück und strich Vittò, dem das Ganze ungemein peinlich war, freundlich über den Kopf.

Ich öffnete den Brief, der dem Päckchen beilag, und hielt ein Blatt in der Hand, auf dem nur ein einziger Satz stand. »Vielleicht finden Sie Ihre Antworten ja hier.« Kein Wort mehr, kein Wort weniger. Blaue Tinte, eine schöne und geübte Schrift, eher weiblich als männlich. Keine Adresse, keine Unterschrift, noch nicht einmal eine Anrede, aus der ich hätte schließen können, ob mich derjenige, der mir dieses Päckchen da geschickt hatte, beim Vor- oder Nachnamen nannte. Immerhin gab es auf dem Karton einen Poststempel. Das Päckchen kam aus Sindelfingen.

Ich hätte eine Anklage gegen ein Betrügerpaar diktieren müssen, das mit dem Versprechen von hohen Renditen und einem Schneeballsystem einige Millionen Mark ergaunert hatte. Ich hätte außerdem noch eine Akte durcharbeiten sollen, um morgen vor dem Schöffengericht eine Anklage gegen einen Autofahrer zu vertreten, der sturzbesoffen eine junge Frau totgefahren hatte, die gerade mit dem Fahrrad von der Nachtapotheke kam, wo sie für ihr fieberndes Kind Medizin besorgt hatte. Ich hätte außerdem noch eine Teamsitzung vorbereiten müssen, die auf übermorgen angesetzt war – ich hätte, sollte, müsste ... Ich verschwendete keinen Gedanken daran. Stattdessen nahm ich, beinahe ohne zu zögern, die erste Kladde, strich zart darüber, wie ein Bibliothekar über alte Folianten streichen mag, betrachtete sie von allen Seiten und schlug sie schließlich auf – ehrfürchtig, wie ich bekennen muss, ehrfürchtig und vielleicht auch ein wenig ängstlich.

Ich wusste nicht mehr, wie schön und regelmäßig Vittòs Schrift von Kind an gewesen war. Meine eigene war ungelenk, grobmotorisch und manchmal für mich selbst kaum zu lesen, seine dagegen schien wie gestochen und war ebenso elegant wie er selbst – bevor sie ihn in St. Blasien verdarben.

*

Es muss ein nasser und stürmischer Tag gewesen sein, als Frau Schreiber ihren Sohn in den Schwarzwald fuhr. Der Regen peitschte gegen die Windschutzscheibe, am Himmel stürmten dunkle Wolken, die Fichten krümmten sich unter der Last des Wassers und der Gewalt des Sturms. Mehr als einmal ergriff der Wind den hohen Lieferwagen mit einer Böe und drohte ihn aus der Spur zu drängen. Der Junge war sich sicher, dass die Elemente nichts anderes wollten, als seine Mutter von dieser Fahrt und ihrem Ziel abzuhalten. »Kehrt um! Kehrt um!«, flüsterte ihm das Krachen eines Baumriesen ins Ohr, dessen alter Stamm der Wucht des Windes nicht mehr hatte standhalten können. Aber die Mutter hörte nichts und sie sagte nichts. Ihre Augen, gerötet von den Tränen, die sie immer wieder vergoss, waren starr und konzentriert auf die Straße gerichtet. Der Junge spürte, dass sie Angst hatte, Angst vor dieser Fahrt, Angst vor dem Abschied und Angst um ihn.

»Mami«, sagte Vittò nun schon zum zigsten Mal. Er nannte seine Mutter Mami, wie die Deutschen es tun, nicht *Mamma* wie die Italiener. »Mami. Bitte überleg es dir doch noch einmal. Ich schwänze die Schule nie wieder. Ich schwör's dir. Ich schwöre, bei allem, was mir heilig ist. Du kannst mir so viel Hausarrest geben, wie du willst, und Fernsehverbot für einen ganzen Monat, aber bitte, bitte, gib mich nicht in dieses Internat. Ich möchte bei dir bleiben in Sindelfingen. Ich kann dir auch in der Konditorei helfen. Es muss doch jemand bei dir sein.«

Es half nichts. Frau Schreiber antwortete ihm noch nicht einmal. Vittò schlug die Augen nieder und verstummte. Er schwor sich, nie wieder mit seiner Mutter zu sprechen und bei nächster Gelegenheit abzuhauen aus diesem Internat.

Irgendwann waren sie da. Sie hatten Stunden gebraucht für den Weg, der Regen hatte nachgelassen. Sie parkten gerade neben dem Dom, vom dem das Wasser in Sturzbächen herunterfiel und der so gewaltig und riesenhaft war, dass er Vittò im ersten Moment unwirklich vorkam in diesem Schwarzwalddorf, als gehörte er hier nicht hin, so wie eine Krone nicht auf einen Bollenhut oder ein Kristallleuchter nicht in einen Kuhstall gehört. Als er aber ausstieg und auf den Domplatz trat, wo das Wasser stand und seine Mutter nach dem Weg fragte, wandelte sich der erste Eindruck in sein Gegenteil, und es schien ihm nun, als gehöre die Kirche ganz genau und nur hierhin, als sei der ganze Ort um diesen monumentalen Dom herumgebaut, als wäre jedes Haus nach dieser Kuppel ausgerichtet, als gäbe es den ganzen Ort nur, weil es hier diese gewaltige Kirche gab. Seine Mutter winkte ihn zu sich und ging mit ihm die Straße rechts hinunter, wo ein vielstöckiger Bau unmittelbar an den Dom anschloss. Seine Fenster im ersten Stock waren vergittert, weshalb er etwas von einer Kaserne hatte. Vittò brauchte eine Weile, um zu verstehen, dass die Kirche von einem riesigen Gebäudekomplex umfasst war und sich genau in diesen Mauern und hinter den vergitterten Fenstern das Kolleg befand. Seiner Mutter musste es ähnlich gegangen sein, denn sie lief zweimal am Haupteingang zum Internat vorbei. Er entpuppte sich als in die Klostermauern eingelassenes, reich verziertes Kirchenportal, was sie nicht erwartete hatte.

Das Aufnahmegespräch mit dem Schulleiter, einem Jesuitenpater, ließ er stumm über sich ergehen. Er gab ihm sogar die Hand, als der sie ihm reichte und ihm versprach, immer für ihn da zu sein. Die Mutter sah er nicht mehr an. Als sie ihn zum Abschied umarmte und noch einmal in Tränen ausbrach, schob er sie weg wie eine Fremde.

»Vittorio …«, schluchzte sie, »jetzt sei doch nicht so …« Aber er war jetzt so, sein Herz war verschlossen, die Lippen versiegelt, der Blick abgewandt.

»Versuch doch wenigstens, mich zu verstehen …«, sagte sie noch. Aber nein, er versuchte es nicht, verstand sie nicht und wollte sie auch nicht verstehen. Wenn er überhaupt jemanden verstand, dann seinen Vater, dafür, dass er dieses kalte Wesen verlassen hatte. Das hätte er an seiner Stelle genauso gemacht. Sicher war die Sizilianerin viel netter. Die gab ihre Söhne jedenfalls nicht her, nur weil sie mal etwas angestellt hatten.

Vittò war nicht grausam genug, ihr das zu sagen, aber sie grußlos stehen zu lassen und dem Schulleiter, ohne sich nach ihr umzublicken, zu folgen, das konnte er. Es muss ihr das Herz gebrochen haben, und genau das wollte er.

Vittò wurde in einem Schlafsaal mit zehn Betten untergebracht, aber er war leer, als der Schulleiter ihn dorthin führte und ihm ein Bett und einen Spind zuwies.

»Es ist halb fünf. Deine Kameraden sind in den Studiensälen und lernen um diese Zeit«, erklärte ihm der Direktor. »Das gehört zu den Regeln hier. Um sechzehn Uhr beginnt das Studium, um achtzehn Uhr dreißig gibt es Abendessen. Danach hast du Zeit zur freien Verfügung. Du wirst dich schnell daran gewöhnen. Regelmäßigkeit tut dem Menschen gut, musst du wissen. Das Beste wird es sein, ich zeige dir gleich den Speisesaal, dann kannst du um halb sieben allein dorthin gehen. Bis dahin musst du dich etwas gedulden.«

Vittò nickte, blieb stumm und folgte dem Mann durch die unendlichen Gänge der alten Klosteranlage. Den Weg würde er sich nie im Leben merken können.

»Wir bieten unseren Zöglingen eine ganze Reihe von

Aktivitäten«, erklärte ihm der Direktor auf dem Weg. »Jede Art von Sport: Reiten, Fechten, Fußball, Leichtathletik, Hockey. Ich kann sie gar nicht alle aufzählen. Sprachen – wir haben einen sehr guten Italienischlehrer, wenn du an deinen Fähigkeiten arbeiten willst. Theater, Literatur, Musik. Spielst du ein Instrument? Nein? Sehr schade. Also: Zwei Arbeitsgemeinschaften sind Pflicht. Da sind wir sehr anspruchsvoll. Schule ist morgens von sieben Uhr dreißig bis dreizehn Uhr. Danach Mittagessen bis dreizehn Uhr dreißig. Freizeit bis sechzehn Uhr. Dann Selbststudium. Du wirst dich daran gewöhnen – und voilà, der Speisessaal!«

Vittò blickte in den Saal und nickte. Er war ausladend, dunkel und kalt, wie dort oben alles dunkel und kalt zu sein schien.

»Du findest den Weg zum Schlafsaal alleine?«, fragte der Direktor. »Schau, du gehst den Gang zurück. Dann den nächsten Korridor rechts und die linke Treppe in den zweiten Stock … Wir sehen uns beim Essen. Pünktlich um halb sieben.«

Mit diesen Worten drehte sich der Direktor um und ging. Vittò sah ihm nach. Er hatte ein wenig Angst vor ihm, wie er jetzt bemerkte. Die Schritte des Schulleiters verhallten im Gang, Vittò blieb allein. Er wusste nicht vor und nicht zurück. Vom Speisesaal her tickte eine Uhr. Es zog, aus jeder Ecke wehte ihm ein kalter Hauch entgegen. Er hörte sein eigenes Herz in der Brust schlagen und das Blut in den Ohren rauschen. Er war allein an einem fremden Ort.

Mechanisch folgte er den Weisungen des Direktors

und lief den Gang zurück, bog in den nächsten Korridor rechts und lief die linke Treppe in den zweiten Stock hinauf. Nach einigem Suchen und einigen Versuchen fand er auch die Tür zu seinem Schlafsaal. Der war immer noch völlig verwaist. Vittò legte sich auf das Bett, das der Schulleiter ihm zugewiesen hatte, und wollte sterben.

Aber er starb nicht, natürlich nicht. Stattdessen schlief er ein. Schlief ein, wie er war, ohne Decke, in Straßenkleidern, die Schuhe noch an den Füßen, in einem Zimmer, das noch kälter und zugiger war als der Flur.

9

Es war beinahe vier, als ich es endlich fertigbrachte, die Kladde zu schließen. Ich durfte meine Arbeit nicht länger warten lassen. Also nahm ich die Akte, die vor mir lag, und begann meine Anklage gegen das Betrügerpaar vorzubereiten, das in nur einem halben Jahr sechs Millionen Mark Schaden angerichtet und etliche Freiburger um ihre Ersparnisse gebracht hatte. Der Fall war nicht uninteressant. Die Betrüger versprachen Renditen, die mit irgendwelchen Anlagepapieren verdient werden sollten, von denen noch nie jemand etwas gehört hatte.

Das gab aber niemand zu, um sich nicht dumm vorzukommen. Alle hörten zu und nickten wissend, wenn von Libor, Genussscheinen und Estimations-Papieren gesprochen wurde; egal ob Bäcker oder Banker, keiner fragte nach, was das überhaupt sei. Es war wie bei »Des Kaisers neue Kleider«. Am Anfang glaubte ihnen auch kein Mensch, aber irgendwann fand sich ein risikobereiter Anleger, der ihnen eine kleine Summe anvertraute, deren Verlust er ohne Weiteres hatte verkraften können. Und siehe da: Die Betrüger hielten Wort und zahlten dem Anleger in nur zwei Wochen das Doppelte zurück. Völlig begeistert setzte der darauf das gesamte Geld wieder ein und erzählte seinen Freunden davon, von denen die meisten skeptisch blieben, der ein oder andere sich dann aber doch vorsichtig beteiligte. Auch die bekamen ihr Geld wieder und die versprochenen Zinsen und Erträge noch dazu. Und dann wurden es mehr Anleger, die allesamt wieder ausbezahlt wurden, nur dass die Altanleger ihr Geld eben aus den Neuanlagen bekamen, weshalb das System nur so lange funktionierte, wie immer mehr Anleger dazukamen, und kollabierte, sobald die enormen Gewinne, die versprochen wurden, mit den Neuanlagen nicht mehr zu finanzieren waren, was dann nach nur wenigen Monaten auch geschah. Es war ein bisschen wie mit den Kettenbriefen, die immer wieder durch die Welt gehen, und den Piloten- oder Pyramidenspielen. Gemeinsam betrogen sie aber nicht nur Ärzte und Steuerberater, von denen auch keiner nachfragte, was es mit den Zins-Put-Option-Spekulationsscheinen auf sich hatte, die da angeblich ge- und verkauft wurden. Das hätte man ihnen gar nicht so übel genommen, denn die Herren hatten noch Reserven. Sie brachten aber auch kleine Angestellte und Handwerker und sogar alte und kranke Menschen um ihr Erspartes, was die Sache dann widerlich machte. Es war eines der Verfahren, bei denen ich jedenfalls froh war, Staatsanwalt und nicht etwa Verteidiger geworden zu sein, eine Entscheidung, die seinerzeit zu einem fast völligen Zerwürfnis mit meinem Vater geführt hatte. Diesem Betrügerpaar musste nun meine Aufmerksamkeit gelten. Vittò, meinen Freund, ließ ich schlafend in seinem kalten Schlafsaal in St. Blasien zurück.

Es war Nacht, als ich nach Hause kam. Die Anklage war diktiert, der Termin morgen vorbereitet, meine Arbeit erledigt, aber das befriedigende Gefühl, das sich einstellt, wenn das Tagwerk getan ist, blieb aus. Mein Frühstücksgeschirr stand neben der Spüle, ein paar Brotkrumen lagen verstreut auf dem Tisch, die Badische Zeitung, die ich heute Morgen überflogen hatte, aufgeschlagen daneben. Alles war so, wie ich es zurückgelassen hatte – natürlich war es so: hier in der Küche, im meinem Schlafzimmer, im Wohnzimmer und im Bad. Ohne nachzusehen, wusste ich, dass dort mein Handtuch noch schief über der Heizung hängen und mein Morgenmantel auf dem Wäschekorb liegen würde, und nichts, nichts zeigte die Einsamkeit meines Junggesellenlebens deutlicher als ein einzelner Hausschuh, der verloren mitten im Flur lag.

*

Ein nasser Waschlappen im Gesicht und das Feixen fremder Kinderstimmen weckten ihn. Zu dritt standen sie an seinem Bett und sahen auf ihn hinab.

»Jetzt sieh sich doch mal einer diese Schlafmütze an«, sagte der Größte von ihnen und schüttelte ihn, während die anderen zwei kicherten. »Hoch mit dir! Der ganze Speisesaal wartet schon auf dich.«

Vittò sprang sofort auf, war aber noch benommen und wäre beinahe wieder hingefallen, was ihm eine weitere Lachsalve seiner neuen Kameraden eintrug. Um die Situation irgendwie zu retten, wollte er dem großen Jungen, der unmittelbar vor ihm stand, die Hand reichen und sich vorstellen: »Hallo, ich bin Vittorio«, was ihm aber wieder nur ein Feixen einbrachte, denn natürlich gaben sich deutsche Jugendliche nicht gegenseitig die Hand, wenn sie sich begrüßten. Italienische Jugendliche machten das, französische Jugendliche auch, aber deutsche Jugendliche machten das nun einmal nicht, und das wusste Vittò auch; die ungewohnte Situation und der Halbschlaf hatten ihn betrogen.

Ohne sich weiter mit ihm abzugeben, drehten sich die drei Jungen um und verließen den Schlafsaal wieder. Sie wollten zu ihren Abendessen zurück. Nur der kleinste von ihnen, ein Rothaariger mit dicken Sommersprossen in einem runden Gesicht, wandte den Kopf, um sich zu vergewissern, dass Vittò der Gruppe folgte.

Es gab natürlich einen großen Auftritt, als die vier im Speisesaal ankamen. Der blonde Junge, groß und grobschlächtig, der so etwas wie der Anführer der Dreiergruppe war, trat in die Mitte des Saals und verkündete lauthals: »Es tut uns leid. Der gnädige Herr hat noch geschlafen. Er hatte einen harten Tag, wir müssen dafür Verständnis haben«, womit er denn auch gleich wieder alle Lacher auf seiner Seite hatte. Sogar der Direktor und die Lehrer, die an einem eigenen Tisch saßen, stießen sich mit den Ellbogen an und feixten. Dann wandte sich der Junge Vittò zu, verbeugte sich geziert und wies ihm mit ausgestrecktem Arm seinen Platz zu. Dabei lächelte er, als wollte er ihm sagen, dass sie beide noch viel, noch sehr viel Spaß miteinander haben würden.

10

Mitten in der Nacht schreckte ich auf. Vittòs Kladde lag auf meiner Brust. Ich war auf dem Sofa eingeschlafen und hatte von ihm geträumt, wie er durch die Gänge des Internats irrte, auf der Suche nach einem Raum, den er nicht finden konnte. Seine Mitschüler kamen ihm in großen Gruppen entgegen. Obwohl er sie immer wieder ansprach und sie um Hilfe bat, blieb keiner von ihnen stehen, um ihm den Weg zu zeigen. Wenn er jemanden festhielt und für einen Moment zu sprechen versuchte, machte dieser sich los und ging unbeirrt und kopfschüttelnd weiter. Nur ein kleiner Junge mit roten Haaren drehte sich einmal zu ihm um und bedeutete ihm, ihm und den anderen zu folgen. Aber das konnte Vittò nicht. Er musste in die entgegengesetzte Richtung; er selbst wusste nicht, warum. Und deshalb streifte er weiter durch diese Flure, rastlos und hoffnungslos, und veränderte sich dabei, während ihm immer neue, immer größere Gruppen von Mitschülern entgegenkamen, die ihn in seinem Gang hinderten, bis irgendwann kein Durchkommen mehr für ihn war. Vittò wurde kleiner, der Körper gedrungener, das Gesicht breiter, die Bewegungen behäbiger.

Ich stand auf und ging ins Bad, um einen Schluck Wasser zu trinken. Im Spiegel sah ich mein bleiches und müdes Gesicht. Ich hatte wenig Zweifel daran, in wen Vittò sich da verwandelt hatte und wessen gedrungener Körper es war, den ich da im Traum gesehen hatte.

Es war vier Uhr. Von Weitem hörte ich die Kirchturmglocke schlagen. Ich zog mich aus und wusch mir Gesicht und Oberkörper. Morgen würde ein harter Tag werden, aber im Moment war an Schlaf nicht zu denken, zu sehr hatte mich das Traumbild dieser Schüler aufgebracht, die Vittò in Strömen entgegengekommen waren und ihm den Weg versperrt hatten. Seine Kladde in der Hand ging ich ins Schlafzimmer und legte mich in mein Bett.

*

Bei Tisch richtete niemand das Wort an ihn. Die gesamte Aufmerksamkeit seiner Mitschüler galt dem großen blonden Jungen. Sprach er, reckten sie die Köpfe in seine Richtung, lachte er, lachten sie auch, sogar diejenigen, die am äußeren Ende des Tisches saßen und ihn gar nicht hatten verstehen können. Er hieß Maximilian und wurde von den meisten anderen »Max«, von den zwei Jungs, die unmittelbar neben ihm saßen, auch »Maxi« genannt, wobei offenbar nur sie sich diese Vertraulichkeit erlauben durften. Max war größer als die anderen, auch größer als Vittò, und schien ein oder zwei Jahre älter zu sein. Vermutlich hatte er ein oder zwei Klassen wiederholen müssen. Der rothaarige Junge dagegen hieß Peter und wurde von den anderen »Peterle« gerufen. Er war der Kleinste am Tisch; ihm kam die Rolle zu, das Geschirr von Max und seinen Kumpels abzuräumen, ihnen Wasser und Tee nachzuschenken und sich für sie anzustellen, als das Dessert ausgegeben wurde, was er auf einen bloßen Wink Maximilians hin, ohne zu murren, erledigte. Vittò dachte, das sei eine gute Gelegenheit, um mit ihm ins Gespräch zu kommen, und reihte sich hinter ihm in der Schlange ein.

»Bist du schon lange hier?«, fragte er den Rothaarigen, während sie warteten.

»Seit Anfang des Schuljahres«, antwortete Peter, ohne ihn anzusehen.

»Und wie ist es hier so?«, fragte Vittò weiter.

»Wie in den meisten anderen Internaten auch«, erwiderte Peter regungslos.

»Hast wohl schon einige erlebt?«, meinte Vittorio.

»Kann man wohl sagen …«

»Und wieso bist du jetzt hier?«

Peter zuckte mit den Schultern, antwortete aber nicht.

Er blieb stumm, bis er an die Reihe kam und vier Desserts in Empfang nahm, die er auf ein Tablett stellte und ein wenig unsicher zum Tisch der Siebtklässler zurückbalancierte. Nicht sehr gesprächig, dachte Vittò, nicht sehr gesprächig.

Nach dem Abendessen hatten sie Freizeit bis neun. Die Jungs verteilten sich auf verschiedene Räume, wo sie lasen, fernsahen, sich unterhielten und Kicker oder Tischtennis spielten. Vittò hätte sich gerne der einen oder anderen Gruppe angeschlossen, aber niemand beachtete ihn, geschweige denn, dass ihn jemand zum Mitspielen einlud. Er stand ein Weile neben dem Kicker, wo zwei Doppel aus Achtklässlern ein offenbar vor unvordenklicher Zeit begonnenes Turnier fortsetzten, das gerade irgendwo bei zweihundertfünfzehn zu einhundertsechsundneunzig stand und in dem niemand einen Platz hatte außer den vieren, schon gar kein Siebtklässler an seinem ersten Tag. Ähnlich war es an den Tischtennisplatten, die genau aufgeteilt und mehrfach belegt waren, sodass Gruppen von Spielern ungeduldig warteten, bis das Match vor ihnen endlich entschieden war.

Unbeachtet und allein streifte Vittò weiter durch Spiel- und Lesezimmer, Flure und Gänge, bis er in einem kleinen Treppenhaus, das vom leicht erhobenen Erdgeschoss zum Innenhof führte, Zigarettenrauch wahrnahm und wispernde Stimmen hörte. Neugierig öffnete er die Tür, die nach draußen führte, und stand unvermittelt vor Max und seinen beiden Kameraden, die sich in der Abendkälte eine Zigarette teilten, was natürlich streng verboten war.

»Was machst du denn hier?«, sagte Max und zog ihn

am Kragen zu sich. Max war nicht nur einen halben Kopf größer als Vittò, sondern auch einige Kilo schwerer. Er stank nach Rauch und Schnaps. Die Jungs waren nicht nur zum Paffen hier.

»Nichts, ich hab nur zufällig Stimmen ge…«, versuchte Vittò zu erklären.

»Nur zufällig Stimmen ge… *was?*«, äffte Max ihn nach und blies ihm Rauch ins Gesicht. »Hat man dir da, wo du herkommst, nicht erklärt, dass man in ganzen Sätzen spricht?«

»Doch … Ich meinte nur …«

»Ach, er meinte nur …«, sagte Max zu seinen Freunden, die grinsten. »Was meintest du denn nur?«

»Nichts … Ich wollte nicht stören.«

»Na, das hast du aber, Giovanni.«

»Vittorio, ich heiße Vittorio.«

»Hört mal her, Leute, Giovanni heißt Vittorio«, sagte Max laut in die Runde, um sich dann wieder meinem Freund zuzuwenden. »Weißt du, Vittorio, mir gefällt Giovanni aber viel besser. So heißt unser Gärtner zu Hause. Den Namen kann ich mir viel leichter merken. Und jetzt, Giovanni, zieh Leine. Wir haben dich nicht eingeladen, nicht wahr?« Mit diesen Worten ließ er ihn los und stieß ihn von sich.

»Ich wollte nicht …«

»Stören, das habe ich schon begriffen, tust du aber immer noch, was du wohl nicht begriffen hast und nun – arrivederci …«

Vittò wollte so schnell wie möglich gehen, aber noch ehe er die Türklinke zu fassen bekam, stellte ihm einer ein Bein. Er wusste nicht, ob es Max oder einer der anderen beiden war. Er strauchelte unter ihrem bösen Lachen, konnte sich aber gerade noch fangen.

»Hey, Giovanni, kennst du den Witz von Italienern im Krieg?«, rief Max ihm nach, aber da schloss Vittò die Türe schon hinter sich. Kalter Schweiß stand ihm auf der Stirn. An die Tür gelehnt versuchte er, sich zu beruhigen und zu Atem zu kommen.

»Und, wie gefällt es dir hier so?«, fragte eine Stimme aus dem Dunkeln.

11

Der Wecker riss mich aus tiefstem Schlaf. Es war halb acht. Die Verhandlung war für neun Uhr angesetzt. Es war nicht daran zu denken, sich noch einmal umzudrehen, um dem Tag ein paar Minuten mehr zu stehlen. Während ich frühstückte, sah ich meine Handakte erneut durch. Die Fakten des Verfahrens standen fest. Amalia M., eine knapp achtundzwanzigjährige Mutter, war in der Nacht vom dreißigsten Oktober auf den ersten November mit ihrem Fahrrad zur Notapotheke in Betzenhausen unterwegs, um dort ein Medikament für ihr fiebriges Kind abzuholen, das sie allein in der Wohnung zurückgelassen hatte. Der Weg von ihrer Wohnung am Seepark zur Apotheke war mit dem Rad in wenigen Minuten zu schaffen. Es war nach Mitternacht, Amalia war erst vor Kurzem nach Betzenhausen gezogen und hatte noch keine engeren Kontakte zu den Nachbarn knüpfen können. Vermutlich hatte sie deswegen niemanden um den Gefallen gebeten, für sie zur Apotheke zu gehen oder kurz bei ihrem Kind zu bleiben. Auf dem Rückweg zu ihrer Wohnung hatte sie versucht, die breite Sundgauallee an einer Fußgängerampel zu überqueren, die um diese Zeit noch in Betrieb war. Ein Zeuge, der gerade aus einer nahe gelegenen Pizzeria kam, sagte aus, dass die Ampel für die Fußgänger Grün zeigte. An diesem Überweg wurde Amalia von einem Pkw, einem Mercedes-Benz 190, erfasst. Sie starb noch am Unfallort. Herbert W., der am Steuer des Fahrzeugs saß und dem der Führerschein wegen einer drei Jahre zurückliegenden Trunkenheitsfahrt erst vor Kurzem wiedererteilt worden war, verweigerte die Aussage. Eine Blutprobe ergab eine Blutalkoholkonzentration von eins Komma fünf Promille. Er war zum Unfallzeitpunkt stark alkoholisiert. Eine Beamtin fand in der Manteltasche des Opfers das gerade abgeholte Medikament und erkannte, dass es für ein Kind sein musste. Amalia hatte ihren Personalausweis aber nicht bei sich, niemand kannte sie, niemand wusste, wo sie wohnte und ob das Kind betreut war oder nicht. Die Beamtin rief in der Apotheke an, erklärte dem Apotheker die Situation und fragte nach, ob er die Kundin gekannt habe. »Nein«, sagte er, »leider nicht«, aber sie habe ein Rezept vorgelegt, aus dem sich der Name des

Arztes ergebe, bei dem Amalias Kind in Behandlung sei. Die Beamtin klingelte ihn aus dem Bett. Der konnte seine Patientin anhand des rezeptierten Medikaments und ihrer Beschreibung identifizieren und hatte tatsächlich schon die neue Anschrift der alleinerziehenden Mutter notiert. Er musste nur in die Praxis und die Adresse heraussuchen. Gegen drei Uhr morgens öffnete die Polizei mithilfe eines Schlüsseldienstes die Wohnung, indem sich ein fiebriges Kind die Seele aus dem Leib schrie, ohne dass sich irgendein Nachbar darum gekümmert hätte. Die Beamtin persönlich brachte das Kind in die Klinik. Was aus ihm geworden ist, war der Akte nicht zu entnehmen.

Herbert W. wurde von einer Anwältin vertreten, die für ihre Aggressivität bekannt war. Eine Frau zwischen zwei Altern, wie man in Frankreich sagen würde, mit einer Neigung zu teurer Kleidung und schnellen Sportwagen. Sie hatte sich bisher nicht eingelassen. Vermutlich würde sie ihre Strategie entsprechend der Entwicklung der Hauptverhandlung wählen und versuchen, den Zeugen zu verunsichern, der bestätigt hatte, dass ihr Mandant bei Rot über den Fußgängerweg gefahren war. Sicher war dem Täter die Trunkenheitsfahrt nachzuweisen, hierfür gab es ausreichende Belege. Der Erfolg der Anklage wegen fahrlässiger Tötung dagegen stand und fiel mit der Aussage des nächtlichen Zeugen, denn der setzte voraus, dass Herbert W. am Tod der Alleinerziehenden ein Verschulden traf, allein die Trunkenheit reichte dafür nicht, es musste auch ein Fahrfehler belegt werden.

Das Verfahren beschäftigte mich den ganzen Tag – und noch darüber hinaus. Wir hörten die Polizeibeamten, wir hörten einen Rechtsmediziner zum Tod Amalias und zum Grad der Trunkenheit des Täters. Der wiederum schwieg weiterhin eisern und gab sich völlig unbeteiligt. Während der gesamten Verhandlung schien seine Verteidigerin in Lethargie verfallen zu sein. Sie stellte keine Fragen und zeigte keine Regung, bis der Zeuge vernommen wurde, der bestätigt hatte, dass Amalias Fußgängerampel Grün zeigte, als sie die Straße kreuzte, und der dies hier vor Gericht wiederholen sollte, was er zunächst auch tat. Was danach folgte, war ein Desaster. Zuerst erkundigte sich die Verteidigerin danach, wo der Zeuge denn bis zu dem »tragischen Unfall«, wie sie es nannte, gewesen sei.

»In einer Pizzeria um die Ecke, Il Vesuvio«, antwortete der Zeuge.

Was er denn dort gemacht habe, fragte die Verteidigerin.

»Eine Pizza gegessen«, antwortete der Zeuge.

»So spät noch?«, fragte sie mit gespielter Anteilnahme, die dem Mann schmeichelte.

»Ja, so spät … Ich hab ja niemanden …«

»So ein netter Mann …«, meinte sie beiläufig und lächelte den Zeugen sehr charmant an. Ob er denn nichts getrunken habe, nach so »einem langen Tag«, wollte sie wissen.

»Doch, schon, ein Viertele Chianti zur Pizza.«

»Nur ein Viertele? Es war ja spät …«

»Na, ja … vielleicht auch zwei«, meinte der Zeuge.

»Und keinen Kaffee?«

»Doch«, antwortete er, »einen Kaffee auch. Ist ja nichts dabei.«

»Nein, natürlich nicht«, flötete die Verteidigerin. Aber ob er sich denn nicht auch noch einen kleinen, klitzekleinen Grappa gegönnt habe – also nach so einem langen, harten Tag, trinke sie selbst gerne mal ein Schnäpschen …

»Jo …«, meinte der Zeuge gönnerhaft, er schon auch.

»Und an dem besagten Abend?«

Der Zeuge zuckte mit den Schultern. Er wisse es nicht mehr … Vielleicht hatte er auch einen Grappa … Aber dass »die arme Frau« bei Grün über die Ampel gefahren sei, das wisse er sicher … Das stehe fest wie das Amen in der Kirche.

»Ja, sicher«, sagte die Verteidigerin, darum gehe es ihr im Moment gar nicht. Wie es denn nun mit dem Grappa gewesen sei, fragte sie erneut; und plötzlich schien ihr etwas ganz anderes einzufallen, denn ohne die Antwort abzuwarten, wollte sie nun wissen, ob er denn an dem Abend eine Pizza Calzone gegessen und gleich neben der Jukebox gesessen habe, was, wie sie gehört habe, so etwas wie sein Stammplatz sei.

»Jo …«, sagte der Zeuge, der aus dem Ruhrgebiet kam, »dat kann jetzt schon richtig sein«, und lockerte sich den Kragen dabei.

»Und Sie haben zwei oder dreimal ›Die weißen Tauben‹ von Hans Hartz spielen lassen, nicht wahr?«

Der Zeuge nickte nur. Er schien zu spüren, was folgen würde.

»Schön,« sagte die Verteidigerin, »das ist jetzt gut,« weil sie nämlich zufällig den Computerausdruck seines Bewirtungsbeleges vor sich liegen habe, den er sich wohl gleichfalls immer geben lasse und wo neben der Pizza

Calzone und *drei* Glas Chianti auch von gleich drei Glas Grappa die Rede sei, an die er sich bei genauem Nachdenken jetzt vielleicht doch noch erinnern könnte … Der Wirt des Vesuvio kenne ihn gut und habe ihr anvertraut, dass der Zeuge auch sonst kein Kind von Traurigkeit sei … und meist schon etwas getrunken habe, wenn er spät noch Hunger bekomme und als nächtlicher Stammgast in die Pizzeria komme, meist zwischen zehn und elf, um noch etwas zu essen und – natürlich – das ein oder andere Glas zu trinken. Ob es denn an dem besagten Abend auch so gewesen sei?

»Ja, schon …«, antwortete der Zeuge zögernd, nicht ohne gleich darauf ein trotziges »Et war aber jrün!« dazuzusetzen.

Die Verteidigerin antwortete nicht mehr, sie lächelte.

Der Rechtsmediziner war noch nicht entlassen worden. Das gab dem Vorsitzenden Gelegenheit, ihn zu befragen, wie hoch denn wohl die Blutalkoholkonzentration beim Zeugen gewesen sei, wenn man einmal von einem Dreiviertelliter Chianti und drei Schnäpsen ausgehe … Der Sachverständige befragte den Zeugen nach seinem Gewicht – er war weder allzu groß noch allzu schwer – und errechnete dann auch für ihn stattliche eins Komma fünf Promille. Er war also ebenso betrunken gewesen wie der Angeklagte an dem Abend. Ob denn bei diesem Alkoholisierungsgrad die Wahrnehmungsfähigkeit beeinträchtigt sei, fragte der Richter routiniert und der Sachverständige gab ebenso ein »Ja, natürlich« routiniert zurück.

Der Angeklagte kam mit der Trunkenheitsfahrt davon, vom Vorwurf der fahrlässigen Tötung wurde er freigesprochen. Ich sehe ihn noch vor mir, ungepflegt, obwohl er einen Anzug trug, das verschwollene und gerötete Gesicht eines Alkoholikers, wie er aufsteht von der Anklagebank, seiner Verteidigerin dankt und dann für einen kurzen Augenblick zu mir herübersieht und – lächelt. Überlegen. Hochmütig. Triumphierend. Ein Mann, der eine junge Mutter totgefahren hat, lächelt …

Noch während ich diese Zeilen niederschreibe, versetzt mich die Erinnerung in Rage und lange noch fantasierte ich darüber, diesem Menschen nachts in einer dunklen Ecke aufzulauern und ihn niederzuschlagen … Manchmal wünsche ich mir, ich hätte es getan.

12

Hatte ich Schuld am Ausgang des Verfahrens? Hätte ich irgendetwas machen können, um zu verhindern, dass dieser Dreckskerl mit einem blauen Auge davonkam? Hätte ich genauer ermitteln oder besser auf die Attacke der Verteidigerin vorbereitet sein sollen, hätte das etwas genutzt? Ich stellte mir diese Fragen in den nächsten Tagen immer wieder, ich stelle sie mir bis heute. Wenn ich ruhig bin und sachlich, dann kann ich sie nur verneinen. Ich kannte die Schwachstelle der Anklage. Mir war klar, dass mein Zeugenbeweis problematisch war. Ich hatte die Polizei gebeten, weitere Zeugen ausfindig zu machen, einen bekannten Unfallsachverständigen auf die Sache angesetzt ... vergeblich. Wir hatten nur diesen einen Zeugen, einen Mann, der augenscheinlich so gerne das Lied von Hans Hartz hörte, dass ihn die Kellner in der Pizzeria Vesuvio nur die »weiße Taube« nannten. Ich musste auf diese Karte setzen; es war kein Trumpf ... Ich denke also, ich konnte nichts dafür, dass Herbert W. davonkam; vielleicht ist das Urteil, das ergangen ist, auch richtig – einzig richtig. Trotzdem kreisten meine Gedanken in den nächsten Tagen um nichts mehr als um diese Niederlage und die Demütigung, die ich mit ihr verband.

Vittòs Kladden blieben in der Zeit liegen. Ich nahm sie zwei- oder dreimal wieder auf und las mich ein bis zu der Stelle, wo mein Freund gefragt wurde, wie es ihm denn gefalle, dort in St. Blasien ... Dann kehrten meine Gedanken an dieses Lächeln zurück, und ich konnte nicht mehr weiterlesen.

Das blieb so bis zum Wochenende und Margarethes Besuch – nein, genau genommen blieb das so, bis mich Margarethe ... Ich greife vor, eines nach dem anderen.

»Kurz nach zwei auf Bahnsteig drei« – so lautete die SMS, die sie mir am Freitag schickte und die ich bis heute nicht vergessen habe. Es war an jenem Tag kalt und zugig auf dem Bahnhof, wo ich in einer Mischung aus Ungeduld und Vorfreude auf sie wartete. Ihr Zug war einigermaßen pünktlich. Als er einfuhr und hielt, gab es einen Moment der Verwirrung, so viele warteten, so viele wurden erwartet, dass ich Margarethe in der Menschenmenge lange nicht ausmachen konnte. Ich überlegte kurz, mich auf ein Bänkchen zu stellen, um einen Überblick zu gewinnen über die Masse der Begrüßenden und Abschiednehmenden, aber fand das Bild eines etwas zu kleinen Staatsanwalts, der auf eine Bank steigt, um eine Kollegin zu suchen, dann doch irgendwie merkwürdig. Es vergingen fast zehn Minuten, bis sich der Bahnsteig so weit geleert hatte, dass ich sie ausmachen konnte. Sie musste mich schon zuvor entdeckt haben, denn sie stand ganz ruhig da, eingehüllt in einen langen cremefarbenen Mantel, und sah zu mir herüber, als würde sie mich seit einer Weile beobachten. Dabei ging ein Strahlen von ihr aus, das ich noch nie an ihr gesehen hatte, nicht an ihr, nicht an einer anderen Frau. Ich ging zu ihr, lächelte über beide Ohren und umarmte sie, ohne einen Ton zu sagen. Dann nahm ich ihren kleinen Koffer, einer von der Art, die die Italiener »24 Stunden« nennen, und führte sie zum Taxistand, wo ich mein Auto verbotenerweise abgestellt hatte.

»Hey«, sagte ich, als wir eingestiegen waren, »schön, dass du da bist.« Und umarmte sie gleich noch einmal, dort auf den Vordersitzen meines Alfa; und während ich sie für einen Moment zu lange im Arm hielt und dabei den Duft ihres Haars einatmete, fühlte ich, wie sehr sie mir die ganze Zeit gefehlt hatte.

»Schön, wieder da zu sein«, sagte Margarethe, nachdem wir uns aus der Umarmung gelöst hatten, und strich mir zart über die Wange.

Zu Hause angekommen half ich ihr aus dem Mantel, trug ihren Koffer ins Schlafzimmer und schickte mich an, ihr einen Espresso zu kochen – so wie früher im Büro, zu Ehren der alten Zeiten. Aber sie nahm mir die Bialetti aus der Hand und stellte sich vor mich. So nah, wie sie bisher nur einmal vor mir gestanden war, so nah, dass keine Hand mehr zwischen uns passte. Ihre Brust hob und senkte sich. Ich fühlte ihren Atem in meinem Gesicht und wusste nicht, wie mir geschah, als sie sich leicht zu mir herunterbeugte – sie war etwas größer als ich – und mich küsste. Ich war so überrascht, dass ich den Kuss kaum erwiderte. Dabei war das am Anfang noch gar kein Kuss, war mehr eine Berührung zweier Lippenpaare, kalt und trocken, vom kalten und trockenen Wind, der draußen wehte; keusch zunächst, ein Kuss unter Freunden, die sich lange hatten missen müssen. Aber dann flammte etwas anderes auf in diesem Kuss, etwas, das – anders als die Freundschaft – gefährlicher und mitreißender war, etwas, das die Kälte vertrieb und den Kuss dann wirklich zum Kuss machte.

»Wenn du nicht anfängst, muss ich es eben tun«, sagte Margarethe irgendwann, als wir Luft holten. Und selbst in dem Moment noch wäre ich nicht auf die Idee gekommen, dass sie je etwas anderes als nur freundschaftliche Gefühle für mich hätte empfinden können. Aber zum Glück hatte das, was dann geschah, wenig zu tun mit meinen Ideen und Vorstellungen oder dem Denken überhaupt. Zum Glück oder vielleicht auch zum Unglück.

Die Wintersonne schien in mein Schlafzimmer und tauchte es in ein junges, zerbrechliches Licht. Margarethes blondes Haar zerfloss auf dem weißen Kissen, ihre helle Haut leuchtete auf meinem weißen Laken, ihre

Augen und ihre Lippen und alles, alles an ihr strahlte, während ich das Leuchten und das Strahlen bedeckte mit meinen Küssen, meinen schwarzen Haaren und meiner dunklen Haut.

Abends kochte ich für uns. Ich besaß seit Neuestem eine Nudelmaschine, die ich Margarethe voller Stolz vorführte. Ich bereitete uns frische Tagliatelle, die ich mit einer leichten Soße aus Olivenöl und schwarzen Wintertrüffeln servierte. Nudeln selbst zu machen, ist – nebenbei bemerkt – nicht schwer, beeindruckt deutsche Frauen aber ungemein. Während ich werkelte, saß Margarethe, in meinen Bademantel gehüllt, mit einem Glas Rotwein in der Hand am Küchentisch und beobachtete jeden meiner Handgriffe. Sie hatte das Haar offen und einen völlig gelösten Blick. Wenn sie sich bewegte, gab der Ausschnitt des Frotteemantels den Blick auf die Spitzen ihrer Unterwäsche und ein bezauberndes Dekolleté frei. Sie war atemberaubend, und ich musste mich sehr beherrschen, um mich ausreichend auf Soße und Nudeln zu konzentrieren.

»Das ist das erste Mal, dass du für mich kochst; ich glaube, es ist sogar das erste Mal, dass überhaupt ein Mann für mich kocht«, sagte sie, gerade als ich die Tagliatelle in das kochende Wasser gab. »Pass auf, ich könnte mich daran gewöhnen.«

Ich sah kurz zu ihr hinüber und fühlte mich befangen. Gerne hätte ich mit irgendeiner witzigen oder geistreichen Bemerkung gekontert, aber es fiel mir nichts ein. Die Wahrheit war, ich hatte alles andere als Angst davor, sie könnte sich daran gewöhnen, dass ich für sie kochte. Ich hätte nicht gewusst, was ich schöner fände, aber in meiner Befangenheit verschwieg ich auch das.

Margarethe allerdings musste meinen Blick missverstanden haben, denn sofort fragte sie, wieso ich sie denn so entsetzt ansehe, und beeilte sich, mir zu versichern, dass das nur ein Spaß gewesen sei.

»Du müsstest natürlich erst mit meiner Mutter sprechen«, erklärte ich ihr, während ich die Teller auftrug und uns noch etwas Wein eingoss. »Sie will keine deutsche Schwiegertochter, und wenn sie nicht zustimmt, kann ich natürlich nichts machen …«

»Ah«, sagte Margarethe, »das verstehe ich. Wenn *la mamma* nicht zustimmt, geht nichts.«

»So ist das leider bei uns Italienern … Stell dir vor, sie will mich und die Tochter ihrer Cousine verkuppeln.«

»Echt jetzt?«

»Ja, echt. Sie will Enkelkinder, aber keine deutsche Schwiegertochter.«

Margarethe zwinkerte mir zu und gabelte die ersten Tagliatelle auf. »Antonio, die Nudeln sind köstlich«, sagte sie, nachdem sie sich den Bissen in den Mund gesteckt hatte, und drehte gleich die nächsten auf. »Wenn ich mir überlege, dass ich noch bis vor ein paar Jahren nichts davon angerührt hätte … Ach, ein Leben ohne Essen ist so schrecklich.«

»Wie bitte?«, fragte ich. Ich hatte im ersten Moment gar nicht verstanden, was sie meinen könnte.

»Nichts«, antwortete sie, »ich sagte nur, dass ich bis vor wenigen Jahren nichts davon angerührt hätte. Entweder hätte ich mich nicht einladen lassen oder ich hätte behauptet, ich sei noch so voll vom Mittagessen, dass ich gar nichts mehr runterbekomme.«

»Ich verstehe nicht ...«, sagte ich vorsichtig. Ich kannte Margarethe als so lebenslustig, dass ich nicht begreifen konnte, was sie da andeutete.

»Oh, entschuldige«, antwortete sie. »Das weißt du vielleicht gar nicht, aber ich hatte eine Essstörung, früher, ist schon etwas her. Als Zwanzigjährige wog ich etwa fünfundzwanzig Kilo weniger als heute.«

»Um Gottes willen«, erwiderte ich, »da warst du ja nur Haut und Knochen.«

»Ja. Und ich kam mir dick vor dabei. Gott sei Dank habe ich das hinter mir.«

Ich schwieg einen Moment, um nachzuvollziehen, was sie mir sagte. Es fiel mir schwer, sie mir mit einer Magersucht vorzustellen. Für mich war sie das Ideal einer deutschen Frau, groß, blond, sehr sportlich, aber auch sehr weiblich mit ihren breiten Hüften und einem Dekolleté, in das ich fast hineinfiel, so oft zog es meine Augen dorthin. Sie war der Typ blonde Frau, nach denen sich die Männer in Italien umdrehten, von deren langen Beinen sie träumten ... Und ich hatte es gehasst, wenn sie ihrem idiotischen Verlobten zuliebe Diät gehalten hatte – abgesehen davon, dass ich den idiotischen Verlobten natürlich noch viel mehr gehasst hatte als die Diäten ...

»Wie ist es dazu gekommen?«, fragte ich nach einer Weile.

»Oh, ich glaube, das war ganz typisch«, antwortete Margarethe. »Als ich in die Pubertät kam, hatte ich das

Gefühl, dass mein ganzer Körper anschwillt, von einem Tag auf den anderen. Gerade noch ein knochiges Straßenkind, bekam ich von einem Tag auf den anderen runde Schenkel und diesen Busen ... Es hat mich einfach völlig überfordert. Mein Vater war schon tot und meine Mutter keine Hilfe. Sie selbst ist sehr mager; sobald mir die Brust wuchs, nannte sie mich »dick« und riet mir, dringend weniger zu essen. Außerdem war ich relativ früh entwickelt und bekam schon einen weiblichen Körper, als meine Klassenkameradinnen noch Gummitwist spielten. Ich fühlte mich schrecklich und versuchte alles, um wieder diesen Kinderkörper zu bekommen, an den ich doch gewöhnt war ... Daraus hat sich dann eine hübsche Magersucht entwickelt; wie gesagt, ich wog fünfundzwanzig Kilo weniger ... Du hättest mich sehen sollen.«

Ich trank einen Schluck Wein und schwieg. Offen gestanden, war ich froh, dass ich sie damals noch nicht gekannt hatte. Es hätte mir wehgetan, sie so zu sehen.

»Kein Grund, traurig zu sein, mein Lieber«, sagte sie und lächelte mich zärtlich an. »Es ist vorbei. Ich hatte eine gute Therapeutin, und es war auch nie so schlimm, dass man mir eine Magensonde hätte verpassen müssen. Als ich mit van Helsing zusammen war, hatte ich beinahe einen Rückfall, weil er – sagen wir mal – spezielle Vorstellungen von einem Frauenkörper hat. Aber zum Glück hatte ich ja dich zum Ausgleich.«

»Mich?«, fragte ich erstaunt. »Ich war dein Ausgleich? Wie komme ich denn zu der Ehre?«

Margarethe zögerte einen Moment, bevor sie antwortete, fasste sich aber ein Herz. »Ich möchte dir nicht zu nahe treten, aber ich glaube, ich habe schon bemerkt, dass ich dir gefalle ... Als Frau, meine ich. Und ich hatte das Gefühl, dass dir – wie soll ich es sagen – eben gerade auch das gefallen hat, was Eckhard nicht mochte. Die Rundungen eben. Du weißt schon.«

Ja, ich wusste schon und ich bin, so fühlte sich zumindest mein Gesicht an, rot geworden in dem Moment. Margarethe legte ihre Hand sehr liebevoll auf die meine.

»Kein Grund, verlegen zu werden, mein Lieber. Noch nie hat eine Frau einem Mann übel genommen, dass sie ihm gefällt, keine Sorge.«

»Ich dachte nicht, dass ich so leicht zu durchschauen bin ...«, sagte ich und wusste dabei nicht, ob ich dabei eher verlegen oder stolz sein sollte; einen Moment lang war ich vermutlich beides. Je länger ich aber über ihre Worte nachdachte, desto stolzer wurde ich.

»War es nur dein weiblicher Körper, der dich störte, oder gab es noch andere Gründe für die Magersucht?«, fragte ich nach einer Weile. Margarethe sah mich kurz etwas irritiert an. Dass ich so gezielt und vielleicht auch etwas sachlich nachfragte, musste ihr im ersten Moment seltsam vorgekommen sein. Als wäre ich herzlos oder als wollte ich von mir und meiner Verlegenheit ablenken. Aber sie kannte den Hintergrund der Frage auch nicht. Ich hatte ihr von Vittò noch nichts erzählt. Sie ließ sich für ihre Antwort lange Zeit.

»Merkwürdig, dass du fragst«, sagte sie. »Den meisten, denen ich von meiner Magersucht erzählt habe, waren diese Erklärungen genug. Aber du hast recht, es gab da noch etwas anderes ... Ich habe selbst eine ganze Weile und ein paar Jahre Therapie gebraucht, um das zu verstehen. Und wenn ich nicht so eine gute Psychologin gehabt hätte, dann hätte ich es auch nach wie vor nicht verstanden. Es gab da noch etwas anderes. Es hatte etwas mit Kontrolle zu tun. Dadurch, dass ich mein Essen kontrolliert habe, hatte ich auch Kontrolle über mich selbst. Das glaubte ich zumindest. Es war wie ein Akt der Selbstbehauptung: Mein Körper gehörte mir und ich konnte mit ihm machen, was ich wollte, was *ich* wollte, meine ich. Ich musste mich nichts unterwerfen, dem Hunger nicht, dem Essen nicht, auch nicht dieser furchtbaren Pubertät. Ob ich eine Frau wurde, das wollte *ich* alleine entscheiden und nicht irgendwelchen Hormonen überlassen. Ich weiß nicht, ob du das nachvollziehen kannst, aber es war für mich als zwölfjähriges Mädchen nicht gerade ein Traum, eine Frau zu werden, regelmäßig meine Tage zu bekommen und mich irgendwann schwängern zu lassen. Ich glaube, Jungs sind eher stolz, wenn sie zum Mann werden, aber wenn Mädchen zur Frau werden, ist das für sie oft nicht so einfach. Für mich war es das zumindest nicht.«

Ich nickte, ich glaube, dass ich verstand, obschon ich – natürlich – zu den Jungs gehört hatte, die nichts Besseres zu tun wussten, als den Herrgott jeden Tag anzuflehen, er möge ihnen möglichst bald einen Bart wachsen lassen und – na ja – anderes auch.

»Warum möchtest du das so genau wissen?«, fragte Margarethe. »Ist das reines Interesse oder kennst du jemanden mit einer Magersucht?«

Darauf erzählte ich ihr von Vittò – zum ersten Mal.

13

»Und, wie gefällt es dir hier so?«, fragte die Stimme aus dem Dunkeln. »Hast du dich schon eingelebt?«

Nein, so war es nicht. Die Stimme fragte nicht: »Wie gefällt es dir hier so?« Sie fragte: »Allora, come ti piace qui?«

Vittò brauchte einen Moment, um zu verstehen, dass der Pater, der aus dem Schatten auf ihn zutrat, Italienisch mit ihm sprach. Obwohl er sich schämte, fing er augenblicklich zu schluchzen an.

»Per niente, non mi piace proprio per niente!«, antwortete er. »Gar nicht, es gefällt mir ganz und gar nicht.«

»Eh… Io so – ich weiß«, antwortete der Priester und strich ihm über die Wange. »Ich werde mich um dich kümmern.«

Als Vittò in den Schlafsaal zurückkam, hatten sie sich schon alle versammelt und warteten auf ihn, Max und seine Freunde, Peterle, der sie bedient hatte, ein paar andere, deren Namen er nicht kannte und die ihn teils mitleidig, teils misstrauisch ansahen.

»Da ist ja unser Neuer«, rief Max in die Runde. »Na, du hast dir ja Zeit gelassen. Wo warst du denn noch?«

Vittò war sich nicht sicher, ob er antworten sollte. Er war ein wenig herumgegangen, mit dem Priester, der Italienisch sprach und der ihm das Internat und die Sporthalle gezeigt hatte. Er war sehr freundlich zu ihm gewesen. Er hatte ihm den Arm um die Schulter gelegt und zugehört, wie Vittò von zu Hause erzählte – vom Vater, der nach Sizilien zurückgegangen war, von der Mutter, die ihn heute hierhergebracht hatte –, und dann selbst von seinem ersten Jahr als Novize erzählt, in dem er sich genauso alleine und fern von zu Hause gefühlt habe, wie Vittò heute in diesem Internat allein und fern von zu Hause war. Aber, schloss der Priester und sah Vittò dabei ganz zuversichtlich an, auch wenn man es nicht wisse und vielleicht auch nicht glauben könne, gäbe es doch immer jemanden, der einen behüte, und bei diesen Worten zeigte der Priester nach oben, in den Nachthimmel, der noch ganz von schwarzen Wolken verhüllt war.

»Und hast du auch schon eine kleine Freundin?«, fragte der Priester ihn zum Abschied und strich ihm noch einmal zart über den Kopf. Vittò verneinte verschämt.

»Dir hat es wohl die Sprache verschlagen«, sagte Max, griff Vittò am Kragen und zog ihn so nah an sich, dass ihm sein Atem ins Gesicht schlug. »Ich hab dich was gefragt, Giovanni. Hast du nicht gehört?«

»Ich war draußen, einfach nur draußen«, antwortete Vittò.

»Und, warst du allein da draußen?«, fragte Max.

»Allein, ich war allein«, entgegnete Vittò leise und ängstlich.

»Sooo …«, meinte Max, »warst du?«

»Ja, war ich«, wiederholte Vittò.

»Weil nämlich unser kleiner Peter hier meint, er hätte dich da mit einem der Pater gesehen«, fauchte der große

Kerl und zeigte auf Peter, der stumm auf seinem Bett saß und die Beine baumeln ließ.

»Ein Pater?«, fragte Vittò, um Zeit zu gewinnen. »Ja, stimmt, da war kurz ein Pater. Er hat mich gefragt, was ich um diese Zeit noch da draußen suche, und mich wieder reingeschickt.«

»Reingeschickt, hä?«, wiederholte Max, lockerte aber doch den Griff um Vittòs Kragen und sah fragend zum kleinen Peter hinüber. Der schaute kurz auf und nickte. Vittò fiel ein Stein vom Herzen. Fast hätte er geseufzt, weil er dachte, er hätte es überstanden, als Max sich plötzlich blitzschnell zu ihm drehte und ihm einen Schlag in den Magen verpasste, dass ihm die Luft wegblieb und er in die Knie sackte. Noch während er zu Boden ging, traf ihn ein zweiter Faustschlag am Ohr und als er dann hart auf dem Estrich aufschlug, bekam er einen Tritt in den Magen. Der Schlag stammte von Max, der Kick kam von einem seiner beiden Kumpane. Beinahe hätte Vittò sich übergeben. Der nächste Tritt kam wieder von Max und traf ihn an der Brust. Dann erhielt er einen Tritt in den Rücken, einen gegen die Schulter, einen in den Magen, einen gegen den Hintern. Vittò sah nur noch Beine und Füße, die auf ihn eintraten. Er versuchte, sein Gesicht und den Kopf zu schützen, so gut er konnte, und wartete darauf, dass ER ihn behüte. Aber ER hatte vermutlich gerade anderweitig zu tun.

Zu guter Letzt rief Max auch Peter dazu: »Hier, komm, Peter, du bist der Nächste. Los, los, keine Müdigkeit vorschützen!«

Peter erhob sich langsam und zögernd und stellte sich neben Max. »Hier, komm«, kommandierte der, »du gibst ihm jetzt den Rest.« Worauf Peter Vittò widerwillig gegen das Schienbein trat.

»Was? War das schon alles?«, fragte Max, holte aus und trat noch einmal zu, hart und fest. Vittò wurde schwarz vor Augen.

»Lass ihn, der hat genug«, hörte er jemanden sagen. Er fühlte, wie sie alle noch einen Augenblick unentschlossen um ihn herumstanden, sich dann aber nach und nach lösten und zu ihren Betten gingen. Als Vittò glaubte, sie hätten sich alle verkrochen, öffnete er die Augen wieder, sah sich kurz um und stand auf, um in den Waschraum zu gehen. Er fürchtete, es könnte ihm auf dem Weg vielleicht jemand ein Bein stellen oder hinterhergehen, tatsächlich aber beachtete ihn niemand mehr.

Er sah in den Spiegel und war überrascht, wie wenig sein Gesicht abbekommen hatte. Alles tat ihm weh, sie hatten ihm gegen den Kopf, die Brust und in den Bauch getreten, aber das Gesicht hatten sie verschont, sie wussten vermutlich, warum. Er zog sein Hemd aus und inspizierte seinen Oberkörper. Die Haut war an manchen Stellen etwas rot, sonst gab es da nur wenig auszumachen. An seinem Hinterkopf prangte eine Beule, die man mit den Händen tasten, aber durch sein dichtes dunkles Haar nicht sehen konnte. Er konnte es sich nicht erklären, aber es beruhigte ihn, dass man ihm die Schläge und Tritte nicht ansah. Das ersparte ihm lästige Fragen von Priestern und Lehrern, bei deren Beantwortung er hätte lügen müssen.

Plötzlich tauchte Max' Gesicht im Spiegel neben ihm auf. »Wenn dich jemand fragt, woher du das hast«, sagte er und drückte auf die Beule, »dann sagst du, du bist unglücklich gefallen. Verstanden, Giovanni?«

Vittò nickte.

»Was sagst du, wenn dich jemand danach fragt?«

»Ich bin unglücklich gefallen.«

»Genau«, sagte Max und schlug ihm mit der flachen Hand auf die Schulter, beinahe so, wie man einem Kumpel auf die Schulter schlägt, nur weitaus gröber.

Vittò wusch sich Hände und Gesicht und ging in den Schlafsaal zurück, wo seine vermeintlichen Kameraden vorgaben, mit etwas anderem beschäftigt zu sein als mit ihm und der Tracht Prügel, die sie ihm zur Begrüßung und Warnung verpasst hatten. Er zog seinen Pyjama an und legte sich in sein hartes, aber immerhin sauberes und frisch bezogenes Bett. Er schloss die Augen und machte sich so klein, wie es nur ging. Er war weder traurig noch wütend, sondern fühlte im Grunde nichts, bis auf den stechenden Schmerz in seinen Rippen und ein dumpfes Dröhnen in seinem Kopf. Er dachte noch einmal daran, bei nächster Gelegenheit abzuhauen, aber dann fiel ihm ein, dass er nicht wusste, wohin. Der Vater wollte ihn nicht, der hatte eine andere Familie. Die Mutter wollte ihn nicht und seine Großeltern erst recht nicht, die hatten sich immer schon für ihn geschämt. Er hatte niemanden auf der Welt. Er hatte nur dieses Bett und dieses Internat. Es war vermutlich auch nicht die Schuld seiner Mitschüler, dass sie ihn verprügelt hatten, sondern ganz allein seine eigene. Etwas an ihm musste falsch sein, er wusste nur nicht, was es war. Sonst wäre auch sein Vater nicht gegangen und seine Mutter hätte ihn nicht hierhergebracht. Eine Weile hörte er noch, wie die anderen sich unterhielten, und wünschte sich fort in das ferne Sizilien, wo sein Vater jetzt sicher an der Theke seiner Bar stand und Wein und Likör ausschenkte. Dann fiel ihm ein, dass er dort nicht willkommen war. Irgendwann drangen die Gespräche seiner Mitschüler nur noch wie das Rauschen eines fernen Baches an sein Ohr. Dann schlief er ein, traumlos und tief.

14

Sie ließen ihn in Ruhe in der Nacht. Es war sechs Uhr und noch dunkel, als sie von einem Pater geweckt wurden, der mit einer Glocke in der Hand durch die Flure und in jedes Zimmer ging und dabei immer wieder lauthals »Aufwachen, aufwachen, ihr Lausebengels« skandierte. Es sollte rauer klingen, als es gemeint war. Vittò hörte sofort, dass der Weckpater lächelte, während er so rief; er mochte die Jungs. Vittò stand auf und folgte den anderen in den Waschraum. Wie seine Kameraden spritzte er Gesicht und Oberkörper mit kaltem Wasser ab und putzte sich die Zähne, um sich gleich darauf schnell anzuziehen und zusammen mit ihnen in den Speisesaal zu gehen, wo sie nach dem Morgengebet frühstückten. Ich mache alles wie die anderen, sagte er sich immer wieder. Ich mache alles wie die anderen, dann bin ich auch wie die anderen. Von den Jungs aus seinem Schlafsaal beachtete ihn allerdings immer noch keiner. Max machte Witze mit seinen Kameraden, Peter starrte stumm auf seinen Frühstücksteller, auf zwei alte Scheiben Brot und einen Klecks Butter. Die anderen, deren Namen er nicht kannte, blieben für sich. Es kam ihm vor, als wäre da eine unsichtbare Mauer um ihn hochgezogen, als befände er sich hinter einem Spiegel, der ihm erlaubte hindurchzusehen, ihn aber von den anderen abschirmte, sodass sie ihn weder hören noch sehen konnten. Egal, sagte er sich, so kann mir schon nichts passieren, und je mehr ich wie sie werde, desto eher werden sie mich auch sehen. Was hatte er auch für eine Wahl?

Der Vormittag verging mit Unterricht. Die meisten Lehrer sprachen ihn zu Beginn der Stunde kurz an und sagten so etwas wie: »Ah, du musst der Neue sein«, ließen ihn aber gleich wieder in Ruhe und widmeten sich ihrem Unterricht, den sie zügig voranbrachten. Vittò bemerkte schnell, dass sie hier ein bisschen mehr erwarteten als am Gymnasium in Sindelfingen und seine Mitschüler ihm in vielen Fächern deutlich voraus waren. Aber das machte ihm keine Angst. Er würde einfach jeden Tag lernen und lernen und das, was er versäumt hatte, nachholen. In den kleinen Pausen blieb er an seinem Platz sitzen und richtete seine Sachen für die nächste Stunde, in der großen Pause folgte er den anderen auf den Hof und sah ihnen beim Spielen und den anderen

Dingen zu, die sie so taten. Er versuchte nicht mehr, mitzumachen. So schnell würde er hier nicht dazugehören, das hatte er verstanden.

Sie ließen ihn den ganzen Vormittag in Ruhe, beim Mittagessen aber entschied Max, dass Vittò von nun an die Pflichten Peterles übernehmen müsse und ihm und seinen Kameraden das Dessert zu bringen habe. Vittò fügte sich klaglos und freute sich, dass Peter ihm half und einen Teller mittrug. Er hätte sonst zweimal gehen müssen. Wenn man die anderen zu bedienen hatte, dann gehörte man immerhin schon dazu, wurde wahrgenommen, beachtet, dachte er. Dann stand man zwar auf der untersten Stufe der Leiter, aber es war immerhin schon die Leiter, man war im Grunde schon einmal aufgenommen. Beinahe freute er sich darüber, den Jungs, die ihm gestern so übel zugesetzt hatten, ihren Pudding zu bringen. Er war jetzt einer von ihnen und irgendwann würde ein anderer Neuer kommen und ihn ablösen auf der untersten Stufe der Hackordnung, so wie er Peterle abgelöst hatte und Peterle irgendjemanden davor. Dann stieg er automatisch auf. Vielleicht war er im Grunde doch nicht so verkehrt, wie er befürchtet hatte. Immerhin durfte er die anderen jetzt schon bedienen.

Kaum hatte er abgeräumt, waren seine Stubenkollegen weg, Vittò wusste nicht, wohin. Schade, er wäre gerne bei ihnen geblieben, egal, was sie noch unternahmen. Er wäre hinter ihnen her getrottet und hätte ihnen zugesehen bei dem, was sie unternahmen, ohne sich zu beteiligen, ohne auch nur zu sprechen. So wäre er zumindest nicht allein gewesen. Jetzt hatte er zwei Stunden zur freien Verfügung, bis das Selbststudium begann, und wusste nichts mit sich anzufangen. Vittò strich eine Weile unentschlossen durch die kalten Korridore, bis ihm die Idee kam, sich den Dom anzusehen, der gestern so einen starken und wechselhaften Eindruck auf ihn gemacht hatte. Sicher würde es irgendwo einen Gang geben, der vom Kolleg aus unmittelbar dorthin führte und den er nicht kannte, aber er wollte niemanden danach fragen. Also verließ er das Kollegiengebäude und ging außen herum, um zu diesem eigentümlichen Schwarzwälder Pantheon – so hatte der Pater die Kuppel gestern genannt – zu kommen. Auf dem Vorplatz ging es ziemlich laut und unruhig zu. Gruppen alter Leute ergossen sich aus Bussen. Sie kamen zur Dombesichtigung und suchten aufgeregt nach ihren Reisebegleitern und Gefährten. Sobald die Portale des Doms hinter ihm geschlossen waren, waren die Stimmen ausgesperrt. Auch im Dom sprachen Menschen, vernahm er Wortfetzen, Laute und Geräusche, aber sie wurden in der gewaltigen Kuppel wie ein Schwarm Vögel nach oben getragen, wo sie verklangen. Vittò fand sich in einem riesenhaften, von unzähligen Fenstern beleuchteten, aber dunklen Raum wieder. Der Boden mit grauem Stein belegt, die Mauern mit stumpfen Leimfarben bedeckt, war jede Wand und jede Säule nur dazu bestimmt, die gewaltige Kuppel dieses Doms zu tragen, die wie ein Himmel über den Köpfen der Gläubigen thronte.

Er bekreuzigte sich, setzte sich in eine der dunklen Bänke und blieb ganz still. Er wusste nicht, ob er beten, ob er weinen oder beides zugleich tun sollte, so verloren kam er sich vor. Er sah nach vorn zum Altar und zur

Orgel dahinter, doch sein Auge fand nichts, was ihn hätte trösten können. Nie war er sich so allein vorgekommen – mutterseelenallein und verloren.

Mehr als er es sah, fühlte er mit einem Mal, wie sich jemand neben ihm bekreuzigte und in die gleiche Bank setzte. Er drehte sich zu ihm und erkannte den Pater, der gestern Abend so freundlich zu ihm gewesen war.

»Ciao figliuolo, hallo, lieber Sohn«, flüsterte ihm der Pater ins Ohr und wollte ihm dabei über den Kopf streicheln, rührte dabei aber gerade an die Beule, die dort seit gestern Abend schmerzhaft pulsierte, und Vittò zuckte zusammen.

»Was hast du denn da?«, fragte der Pater besorgt und strich ihm die Haare vorsichtig beiseite.

»Nichts, ich hab mich nur angeschlagen«, log Vittò, aber da hatte der Pater die Beule schon entdeckt.

»Komm mit«, sagte er, stand auf und ging in Richtung Altar, wo er sich noch einmal bekreuzigte. Dann drehte er sich zu Vittò, der unentschlossen neben der dunklen Sitzbank stehen geblieben war, und winkte ihn freundlich zu sich. Vittò folgte dem Pater in einen Gang voller Kreuzigungsbilder links neben dem Altarraum, wo sie ungestört waren. Der Pater schloss die Tür.

»Ma cos' è successo? Was ist passiert?«, fragte er und zeigte auf die Beule an Vittòs Kopf.

»Nichts, ich hab mich nur gestoßen«, antwortete Vittò schüchtern.

»Gestoßen, ja?«, wiederholte der Pater mit ernstem Gesicht, worauf Vittò nickte.

Unvermittelt zog ihm der Pater das Hemd hoch und

drückte ihm die flache Hand gegen die Rippen, sodass Vittò vor Schmerz aufschrie.

»Und da hast du dich auch gestoßen?«, fragte der Pater mit einem merkwürdigen Unterton.

Vittò kamen die Tränen, aber er nickte erneut.

»Du bist also nicht von deinen lieben Stubenkameraden verprügelt worden, wie das bei Neulingen immer wieder passiert?«, fragte der Pater und sah ihn streng an.

»Nein«, antwortete Vittò, »ich bin ... unglücklich gefallen.«

»Soso, unglücklich gefallen ...«, wiederholte der Geistliche mit ironischem Unterton, »wenn du wüsstest, wie viele Jungs, die sonst gar keine Schwierigkeiten haben, ihr Gleichgewicht zu halten, hier unglücklich fallen.«

Vittò wischte sich die Tränen aus den Augen und sah zu Boden. Er wusste nicht, was er antworten sollte. Er wusste nur, dass er dichthalten musste, gar nicht so sehr wegen der Prügel, die ihm sonst wieder drohten, sondern weil er andernfalls von seinen Kameraden nie akzeptiert und nie zu ihnen gehören würde.

»Na komm, zieh dich wieder an«, sagte der Pater und zeigte auf Vittòs Hemd, das aus der Hose hing. Dann betrachtete er ihn schweigend und nachdenklich.

»Gott schickt uns Prüfungen«, sagte er nach einer Weile, »und es scheint, als prüfe er die am meisten, die er auch am meisten liebt ... Schau dich mal um, wir sind hier im Kreuzgang des Doms. Seinem eigenen Sohn hat er die schlimmste aller möglichen Prüfungen auferlegt und niemand wird daran zweifeln, dass er ihn von allen Erdenkindern am meisten geliebt hat, nicht?«

»Nein, würde man nicht«, antwortete Vittò, während er das Hemd wieder in die Hose steckte. Dabei war er sich gar nicht sicher, ob Gott seinen Sohn wirklich liebte. Dass Väter ihre Söhne lieben, war nicht ausgemacht. Sein Vater liebte ihn jedenfalls nicht. Da war er sich sicher, sonst wäre er nicht einfach nach Sizilien gegangen.

»Oder denke an Hiob«, fuhr der Pater fort, »alles, wirklich alles, hat er ihm genommen, das Haus, das Leben seiner Kinder – obwohl Hiob seinem Herrn in Liebe und Demut ergeben war. Und auch ihn hat er geliebt, nicht wahr?«

»Ich glaube, schon«, antwortete Vittò, der darüber nachdachte, ob der Tod der Kinder für Hiob vielleicht gar nicht so schlimm gewesen war, wie unser Religionslehrer behauptet hatte.

»Siehst du – und ein bisschen prüft der Herr nun auch dich. Und«, fügte der Pater hinzu, »wie ich fürchte, ein wenig prüft er nun auch mich, obwohl ich kaum annehmen kann, von unserem Herrn so geliebt zu werden, wie du es wirst …«

Vittò verstand diese letzte Bemerkung des Paters nicht. Dass Gott ihn liebte, bezweifelte er. Aber der Pater war so freundlich zu ihm, dass er ihm nicht widersprechen wollte.

»Komm mit mir«, sagte der Pater und nahm für einen Moment Vittòs Hand. Dabei hatte er etwas Trauriges in seinen Augen, als fiele es ihm schwer zu tun, was er würde tun müssen, weil wir eben doch alle geprüft werden von unserem Herrn.

»Wir gingen dann in die Sakristei.« Das war Vittòs letzter Satz in der Kladde, die vor mir lag.

Es war beinahe Mitternacht. Vor vier Stunden hatte ich Margarethe zum Bahnhof gebracht, wo wir uns ein wenig verlegen verabschiedet hatten. Die Unbefangenheit der Freundschaft hatten wir verloren, die Sicherheit der Liebenden noch nicht gefunden. Zu unklar war noch, wohin unser Weg uns führen würde.

Seit ich vom Bahnhof zurückgekommen war, hatte ich nur in Vittòs Kladden gelesen.

15

»Wir gingen dann in die Sakristei.« Ich suchte in den anderen Kladden nach einer Fortsetzung des Berichts der ersten Tage Vittòs in St. Blasien, fand ihn aber nicht. Wohl fand ich einen Band, der zeitlich an die ersten anschließen musste, denn es ging um die nächsten Tage an der Schule und im Internat, kein Wort aber darüber, was in der Sakristei vorgefallen sein mochte. Dabei bemerkte ich, dass sich Vittòs Art zu schreiben, veränderte. Waren die Schilderungen der ersten Tage – wenn auch in den Worten eines Jugendlichen – sehr ausführlich und akribisch erfolgt, wurden Vittòs Aufzeichnungen in der Folgezeit impulsiver und ungeordneter. Kurzen anekdotenhaften Erzählungen über Erlebnisse mit seinen Kameraden folgten verstreute Zeilen aus Liedern und Gedichten, religiöse Wahlsprüche und leidenschaftlich ausgeführte Zeichnungen, die Kreuze und Gräber, weinende Gesichter, dornige Rosen, von Schlangen umschlungene Schwerter oder fantastische Drachen darstellten. »Der Mensch ist voller Sünde!« stand quer über eine Seite geschrieben und »Ich bin voller Sünde!« auf der folgenden. Auf einem mit Dornenranken bedeckten Grabstein fand ich seinen Namen und sein Geburtsdatum, anstelle des Todesdatums aber den Tag, an dem er von seiner Mutter ins Internat gebracht worden war. Und dazwischen, verstreut zwischen Textfetzen, Worten, Weisheiten und Sprüchen, immer wieder den Satz »Wir waren in der Sakristei« oder manchmal auch nur das Wort »Sakristei« umrankt von einem Dornenkranz.

Was ich erfuhr, war, dass Vittò sich weiter anzupassen versuchte. Er bediente Max und seine beiden Schläger und suchte Freundschaft mit Peter, der ihm ein wenig zur Seite stand, am Anfang vielleicht aus Mitleid, später aber wohl aus Zuneigung. Peter und Vittò besuchten gemeinsam die Arbeitsgemeinschaft Italienisch, die von dem freundlichen Pater geführt wurde, und wurden zusammen Messdiener im Dom. Ein paarmal durchstreiften sie in ihrer freien Zeit die Wälder um das Kloster, offenbarten einander, wer sie waren, und berieten, wie sie Max und seine Kumpels loswerden konnten. Und dann plötzlich, auf einer Doppelseite, wieder ein Grabmal – mit Blumen geschmückt, von trauernden Heiligen umsäumt –, auf dem aber jetzt nicht Vittòs, sondern Peters Name stand – nur der Vorname – und der Todestag, der auf etwa zwei Monate nach Vittòs Ankunft im Internat datierte, in etwa die Zeit, zu der ich ihn wiedergesehen hatte und von ihm so schmerzhaft zurückgewiesen worden war.

Nach dieser Zeichnung änderten sich Vittòs Einträge erneut. Berichte und Anekdoten über die Kameraden fehlten nun gänzlich. An ihre Stelle traten Ausbrüche religiöser Bekenntnisse und Selbstbezichtigungen. »Der Mensch ist in Dunkelheit geworfen; das Licht ist nur bei Gott«, las ich an einer Stelle, »wir sind verstrickt in die Abgründe des Körpers – ohne Entrinnen«, an einer anderen. Ein paar Seiten weiter zitierte er die Textzeilen aus einem Song von Pink Floyd: »How I wish, how I wish you were here …«, ohne dass aber klar wurde, auf wen sich dieser Wunsch bezog, und gleich darauf einen Vers aus einem Gedicht, das ich wohl schon einmal gehört hatte, aber nicht mehr zuordnen konnte: »… und was ich liebte, hab ich umgebracht.« Dabei veränderte sich nicht nur der Text, sondern auch die Schrift. Vittò hatte als Zwölf- und Dreizehnjähriger eine sehr elegante und schöne Handschrift besessen, ganz ungewöhnlich für einen Jungen, eine Handschrift, die mir in den Aufzeichnungen der ersten Tage im Internat gleich begegnet war und die ich auch sofort wiedererkannt hatte. Ebendiese schöne Schrift bekam nun mit der Zeit etwas Sprödes, Eckiges, Ungelenkes wie Vittò selbst, der sich doch vor seinem Aufenthalt in St. Blasien so elegant bewegt hatte, selbst ungelenk, spröde und eckig geworden war. Und dann wieder »Sakristei« und irgendwo die Frage: »War Peter auch in der Sakristei?«

Ich schloss die Kladde. Es war beinahe zwei Uhr in der Nacht, fast fielen mir die Augen zu. Tausend Fragen stürmten auf mich ein, kaum konnte ich sie noch in Worte fassen, so müde war ich. Was, mein lieber Vittò, war dir geschehen, dort in dieser Sakristei? Und was Peter, der wohl dein Freund geworden war? Und was war mit diesem Max?

Mit der letzten Kraft des Tages ging ich ins Bad, putzte mir die Zähne und machte mich bettfertig. Im Flur sah ich auf den Anrufbeantworter – keine Nachricht. Margarethe musste längst in Stuttgart angekommen sein, hatte sich aber nicht gemeldet. Bereute sie, was zwischen uns geschehen war? Hätte ich ihr zuvorkommen und sie schon anrufen sollen? Was würde, was konnte jetzt zwischen uns sein? Würde sie mich zurückweisen, wie Vittò mich zurückgewiesen hatte? Er nur als Freund und sie als Freund und als Liebhaber?

In Gedanken an Margarethe und Vittò schlief ich ein und schlief doch tief und traumlos.

16

Am nächsten Tag fuhr ich mit dem Auto ins Büro. Nicht weil es geregnet hätte, im Gegenteil, der Tag war heiter und kündigte den Frühling an, den Freiburg immer ein wenig früher erleben darf als der Rest des Landes. Nein, ich hatte vor, nach der Arbeit nach St. Blasien zu fahren.

Ich wollte sehen, was Vittò gesehen hatte, auf den Wegen gehen, auf denen er gegangen war. Wenn ich die Arbeit ein wenig umorganisierte und auf die Mittagspause verzichtete, könnte ich um vier Uhr loskommen.

»Oh Gott, Herr Tedeschi! Sie hän jo ganz schwarze Ring' unter de Auge. Sie sin ja völlig übernächtigt«, begrüßte mich Wachtmeister Imbery, kaum dass er mich sah. »Geht's Ihne nid guat?«

»Doch, doch, Herr Imbery – mir geht es gut. Hab letzte Nacht nur nicht genug geschlafen.«

»Ho, des bassiert, denn losse Sie es heut emol ruhig angehe.«

»Das verspreche ich, Herr Imbery.«

Der Tag blieb ruhig und kurz vor vier saß ich in meinem Alfa, um nach St. Blasien hinaufzufahren. Ich kannte den Weg noch sehr gut von den zahllosen Sitzungsdiensten, die ich dort als noch junger Staatsanwalt hatte leisten müssen. Der Ort besitzt das vielleicht kleinste Amtsgericht Deutschlands, und das wiederum wurde von einem einzigen Richter und Juristen als Direktor geführt, einem Typ Dorfrichter Adam, der dort schaltete und waltete, wie er wollte. Stimmungen und Launen unterworfen zeigte er sich bald als milder, bald als harter Richter, manchmal verfuhr er streng nach Gesetz, manchmal ließ er es wieder beiseite, was ihm bei einigen Bürgern das Etikett der Volksnähe, bei uns Staatsanwälten jedoch das der Unberechenbarkeit verlieh. Vor allem aber hasste er es, wenn man ihn auf einige Unstimmigkeiten in seiner Prozessführung hinwies, und genau deswegen hasste er mich.

Merkwürdigerweise kannte ich den Weg zwar noch gut, kaum aber die Stadt selbst. Die langen Sitzungstage hatten es nicht erlaubt, die Umgebung zu erkunden, vielleicht war es mir damals auch nicht wichtig gewesen. So hatte ich denn nur noch eine vage Erinnerung an den Ort und die gewaltige Kuppel seines Doms, die ich während dieser Zeit vielleicht einmal besichtigt hatte. Den Dom fand ich trotzdem sofort. Ein Pantheon im Schwarzwald, ganz wie Vittò geschrieben hatte, eingefasst von den strengen Gebäuden eines ehemaligen Klosters, wie eine Perle von einem Ring. Als ich vor dem gewaltigen Sakralbau stand und zur Kuppel hinaufsah, schwindelte mich für einen Moment, so mächtig und so dunkel war sie. Man hätte so eine Kirche in Rom, vielleicht noch in München erwartet, aber nicht hier oben in diesem kleinen Schwarzwaldstädtchen zwischen mit Fichten gesäumten Bergen und finsteren Schluchten fernab von jeder größeren Stadt. Ein kalter Wind blies von Osten her, ein Gebirgsbach rauschte nicht weit entfernt. Die Bäume und Sträucher waren noch ganz grau. In den Rinnsteinen lagen schmutzige Brocken von Eis und Schnee. Es war früher März, hier oben würde der Frühling noch auf sich warten lassen.

Als ich eintrat in das Rund der Kuppel, stand ich wie geblendet da. Vittò hatte die Kirche als dunkel geschildert, der Boden grau, die Säulen von zäher brauner Farbe bedeckt. Ich dagegen fand sie in strahlendem Weiß vor mir. Hell der Boden, in weißem Stuck die Wände und Decken, die Säulen marmoriert wie die Felsen Carraras, Licht, das aus Dutzenden von rundbogigen Fenster fallen konnte, wenn nur die Sonne am Himmel stand. Das Wispern und die Geräusche, die nach oben getragen wurden, erkannte ich aus Vittòs Schilderung wieder, der Rest des Doms war dagegen wie neu – renoviert vor wenigen Jahren, wie ein Schild an einer Säule verriet. Ich bekreuzigte mich instinktiv, beinahe gegen meinen Willen, und trat vor den Altar, der nach hinten hin offen den Blick auf den Chor freigab. Links davon entdeckte ich eine Tür, die in einen hellen Gang führte, indem ich die Bildtafeln der Kreuzigung fand, die Vittò beschrieben hatte. Hier hatte der Pater sich nach seinen Verletzungen erkundigt und seine Hände schmerzhaft gegen Vittòs Rippen gepresst.

Ich verließ den Kreuzgang wieder und schritt den Säulengang des Doms ab, ging vorbei an Abbildern des heiligen Nikolaus und der heiligen Elisabeth und gelangte zu einer weiß strahlenden Marien- und wenige Meter darauf zu einer von Hunderten von Kerzen erleuchteten Andachtskapelle. Von dort aus ging ich weiter, um dann plötzlich und ganz und gar unvorbereitet vor einem Tor zu stehen, schwarz inmitten dieser lichten Kirche, verschlossen zwischen all diesen offenen Räumen. Beide Türflügel waren dunkel, überlebensgroß und mit eigenen Schlössern gesichert. Der Kreuzgang und die Kapellen waren offen und für jedermann zugänglich, dieses Portal dagegen versiegelt vor den Blicken der Besucher. Links an der Wand hing eine Glocke, an der man ziehen musste, um hereingelassen zu werden. Es war das Tor zur Sakristei.

Ich weiß nicht, wie lange ich an dieser Stelle blieb. Ich wollte nicht läuten und wollte auch nicht über diese

Schwelle treten, trotzdem konnte ich mich von dem Anblick nicht lösen. Mir war, als lauerte hinter diesem Tor eine dunkle Gefahr; etwas Gespenstisches, Unheimliches ging davon aus, trotzdem konnte ich mich nicht lösen. Ich dachte daran, wie Vittò hier hineingegangen und ein anderer geworden war, bevor er wieder herauskam. Ich dachte an die bange Frage, ob auch Peter in der Sakristei gewesen war, eine Frage, die ich nicht verstand, denn wenn er ebenso Messdiener war wie Vittò, dann musste es doch selbstverständlich sein, dass er dort ebenso ein und aus ging wie er. Wieso also die Frage: »War auch Peter in der Sakristei?«

Der Bann löste sich erst, als ein Priester kam – ein älterer Herr mit grauem nach hinten gekämmten Haar und dicker Brille – und mich halb freundlich, halb misstrauisch fragte, ob er mir irgendwie behilflich sein könne.

»Nein, Herr Pfarrer, vielen Dank«, stammelte ich verlegen, wobei ich noch nicht einmal wusste, ob ich den Geistlichen richtig ansprach, »ich musste mich nur ein wenig ausruhen hier.«

Der Pfarrer nickte, aber sein Gesicht blieb misstrauisch und verschlossen. »Natürlich, auch dafür ist die Kirche da. Aber wenn Sie sich vielleicht setzen wollen?«, sagte er und deutete auf die vielen leeren Kirchenbänke. Platz, sich zu setzen, war hier genug.

»Danke, es ist schon besser«, antwortete ich, versuchte ein harmloses Lächeln, das mir aber nicht gelang, drehte mich um und ging langsam Richtung Ausgang.

»Ma, lei è italiano – sind Sie Italiener?«, rief mir der Pfarrer nach.

»Sì, sono italiano – anzi ero italiano – ja ich bin Italiener, vielmehr, ich war es«, antwortete ich. »Perchè? Si vede? – Warum? Sieht man es?«

»Eh già – genau«, antwortete der Pfarrer und lächelte mit einem Mal sehr offen wie jemand, der sich an etwas Schönes erinnert. Dann winkte er mir sogar.

Es wurde dunkel, als ich nach Hause fuhr. Der Weg über den Schwarzwald zog sich lang und elend hin. Ein Lastwagen nach dem anderen bremste meine Fahrt und vor Freiburg staute sich der Verkehr bis weit ins Dreisamtal zurück. Als ich endlich in meiner Wohnung angelangte, fühlte ich mich müde, ausgelaugt und leer. Ich sah nach dem Anrufbeantworter; es hatte nach wie vor niemand angerufen. Allmählich begann ich, mir Sorgen zu machen. Nachdem ich mich ein wenig frisch gemacht hatte, versuchte ich, Margarethe zu erreichen, und wählte ihre Nummer in Stuttgart. Nach dem fünften Klingeln schaltete sich aber auch dort nur der Anrufbeantworter ein.

»Ich bin's, Antonio«, sprach ich auf das Band, »ich wollte nur mal hören, wie es dir so geht und ob du gut angekommen bist. Ich hoffe …« – ich hoffe, du bereust nichts, wollte ich sagen, hielt mich im letzten Moment aber zurück. Wie seltsam es ist, wenn wir Menschen, mit denen wir gerade noch so eng verbunden waren, plötzlich so vorsichtig begegnen müssen, weil jedes offene Wort schon Gefahren birgt. »… dass alles okay ist bei dir«, sagte ich stattdessen.

Ich richtete mir ein kleines Abendessen und verbrachte den restlichen Abend vor dem Fernseher.

17

Ich wusste, ich musste zurück zu jenem dunklen Tor, auch wenn ich Angst hatte, was sich dahinter verbergen würde. Wenn es eine Antwort auf meine Fragen gab, würde ich sie nur dort finden können, dort, in der Sakristei. Kaum saß ich in meinem Alfa, war ich auch schon angekommen und stand wieder zwischen den weißen Säulen des Schwarzwälder Pantheons. Es war still. Ich hörte nur meinen eigenen Atem und den Schlag meines Herzens. Diesmal war ich allein unter dieser Kuppel, kein Tourist betrachtete die Heiligen, kein Gläubiger betete in den weißen Bänken, kein Pfarrer überwachte meinen Schritt. Ich stand allein inmitten gleißender Helligkeit. Wie im Himmel, dachte ich für einen Augenblick, so licht war es, so still und so weiß. Wieder schritt ich den Säulengang entlang, wieder gelangte ich an das schwarze Tor zur Sakristei, das dieses Mal eine Winzigkeit weit offen stand; ein kalter Luftzug verriet die kaum sichtbare Spalte zwischen Tür und Zarge.

Ich sah mich um, um sicherzugehen, wirklich alleine zu sein und von niemandem beobachtet zu werden. Dann griff ich die Türklinke mit der einen und den Türgriff mit der anderen Hand und versuchte, das Portal langsam und vorsichtig zu öffnen. Erst schien es unbeweglich, dann gab es plötzlich nach und öffnete den Weg in die Finsternis. Vorsichtig tat ich den ersten Schritt durch das Tor und trat ins Leere und fiel und fiel durch Dunkelheit den klaffenden Abgrund hinab und kurz bevor ich aufschlagen musste, schrie ich auf in jäher Todesangst – und fand mich zu Hause vor dem rauschenden Fernseher liegend, das Hemd kalt verschwitzt und verklebt, aus dem schlimmsten Alb erwacht, den ich je geträumt hatte.

Ich stand auf, um in der Küche ein Glas Wasser zu trinken und wieder zu Sinnen zu kommen. Auf dem Weg dorthin sah ich, dass der Anrufbeantworter blinkte. Gott sei Dank, dachte ich, wenigstens meldet sie sich wieder. Trotzdem schlug mir das Herz bis zum Hals, als ich auf den Knopf drückte, um die Nachricht abzuhören.

»Antonio, Antonio, sei tu? Antonio rispondi ... mannaggia!« Ich hatte Margarethe erwartet, stattdessen war es meine Mutter, die da fluchend und unsicher vom Band sprach. »Antonio, Antonio, bist du es? Antonio, antworte ... verflixt. Ich weiß nie, ob du am Apparat bist oder nur dieses komische Ding. Hör zu, ich hab dir doch von meiner Cousine erzählt ... die mit der schönen Nichte. Also, stell dir vor, sie hat mich angerufen und die Familie wird uns nächstes Wochenende hier besuchen. Ist das nicht eine Überraschung? Sie bleiben nicht lange. Sie machen so eine Busreise, weißt du. Aber sie nehmen sich einen Tag Zeit und kommen zu uns. Ist das nicht wunderbar? Und was für ein Zufall, nachdem wir doch erst vor ein paar Tagen von ihnen gesprochen haben, nicht? La Madonna – das ist ein Zeichen! Und ich habe versprochen, dass du dazukommst. Also, ich erwarte dich nächsten Samstag zum Mittagessen, pünktlich. Und benimm dich. Und mach nicht die ganze Zeit so ein Gesicht wie ein Deutscher ... mi raccomando!«

Die Madonna hatte ein Wunder bewirkt? Mortacci tua! Ich wusste nicht, ob ich mich mehr über meine Mutter ärgern sollte, die ihr Vorhaben, mich zu verheiraten, bar jeden Skrupels voranzutreiben entschlossen war, oder über Margarethe, die mich nun schon seit zwei Tagen nicht zurückrief. Was war das? Eine Verschwörung der Weiber? Die eine, die mir zeigen wollte, dass auf deutsche Frauen kein Verlass war, weil sie dich ebenso schnell ignorieren konnten, wie sie sich auf dich eingelassen hatten, während die andere die Gelegenheit ergriff, mich mit einer soliden Italienerin zu verheiraten, die mich bis an mein Lebensende bekochen würde? Hatte ich als Sohn und Liebhaber – ja, LIEBHABER, für zumindest eine Nacht war ich Margarethes Liebhaber gewesen – nicht auch Anspruch auf ein bisschen Achtung? Und was fiel meiner Mutter ein, mich mit irgendeiner übergewichtigen Italienerin zu verkuppeln, die vermutlich eine fette und behaarte Warze auf der Backe trug und mit mir auch noch verwandt war? Meine Kinder würden als übergewichtige Früchte familiärer Inzucht mit Wachstumsproblemen und Kröpfen auf die Welt kommen – lauter kleine Toulouse-Lautrecs, nur nicht so begabt, weil niemand in unserer Familie je Talent zum Malen besessen hatte. Wütend und beleidigt ging ich zu Bett, Schlaf fand ich erst gegen Morgen.

Wie ich den Rest der Woche verbrachte, weiß ich kaum zu berichten, die Zeit schmolz und fiel in sich zusammen wie Gischt auf den Wellen. Ich ging ins Büro und tat lustlos meine Arbeit, aß zu Mittag ohne Appetit, ging zurück ins Büro und abends nach Hause. Soweit ich mich erinnere und ich es beurteilen kann, konnte ich mich auf das, was ich tat, ob ich nun eine Akte las oder mit dem Rad ins

Büro fuhr, ob ich einkaufte oder die Spülmaschine belud, gerade so weit konzentrieren, wie es nötig war, um die Aufgabe zu erledigen. Doch stets war es so, dass ein Teil von mir mit etwas anderem beschäftigt war. Mal war ich wütend auf meine Mutter, mal enttäuscht von Margarethe, die sich nach wie vor nicht meldete. Und immer wieder zwang irgendetwas meine Gedanken an dieses dunkle Portal zurück und dazu, was dahinter geschehen sein mochte, dass es meinen Freund und vielleicht auch diesen Peter so aus der Bahn werfen konnte. Und jedes Mal, wenn ich an dieses Tor dachte, fiel mir ein, was Margarethe über ihre Magersucht gesagt hatte ... Dass sie Kontrolle über sich, über ihren Körper, über ihren Weg vom Mädchen zur Frau erlangen wollte. Wenn der Ursprung von Vittòs Magersucht ähnlich war, und irgendetwas in mir war davon überzeugt, dass er ähnlich war, warum wollte Vittò dann die Kontrolle über seinen Körper und über eines seiner grundlegendsten Bedürfnisse gewinnen? Was konnte das bedeuten? Doch letztlich nur, dass ihm die Kontrolle fehlte und ihm diese Ohnmacht so zuwider war, dass er lieber hungerte und krank wurde, als diese Ohnmacht zu ertragen. Aber wer hatte schon die Herrschaft über sich, über seinen Körper und seinen Hunger, und wer litt darunter? War es nicht Teil unseres Wesens, einen Körper zu haben, den wir nicht unter Kontrolle hatten, und hatte dieser Teil nicht auch etwas Wunderbares? Wenn ich an das Wochenende mit Margarethe zurückdachte, an unsere Berührungen, die Umarmungen, die Küsse, die wir getauscht, und die Leidenschaft, die wir geteilt hatten, dann hatte ich nichts davon kontrolliert oder auch nur kontrollieren wollen und war darin doch ganz ich selbst. Wieso hätte ich mir also wünschen sollen, meinen Körper zu beherrschen und mich ihm nicht von Zeit zu Zeit auch zu ergeben?

Margarethe meldete sich noch immer nicht, dafür meine Mutter – an jedem einzelnen Tag bis zu jenem ominösen Wochenende, damit ich ja nicht vergaß, dass ihre Cousine mit ihrer hübschen Tochter kommen würde und wie enttäuscht beide wären, wenn sie mich nicht begrüßen und kennenlernen dürften, jetzt, da sie doch alle so oft über mich sprachen, über den Italiener aus dem Süden, der Karriere gemacht hatte im Norden, wo das Leben so geregelt, die Autos so gepflegt und die Frauen so ungepflegt waren.

»Aber *Mamma,* wie kannst du nur so etwas sagen! Deutsche Frauen sind alles andere als ungepflegt«, protestierte ich.

»Was verstehst du denn von Frauen?«, fragte sie geringschätzig. »Sollen diese blonden Ungetüme schön sein? Die rasieren sich ja noch nicht einmal die Beine.«

18

Ich fuhr zwar gegen meinen Willen, aber ich fuhr. Ich wünschte, ich könnte behaupten, ich hätte mich den Wünschen meiner Mutter leichter entziehen können, aber das wäre gelogen. Ich war weder heldenhaft noch herzlos. Als ich dann nach einer ziemlich anstrengenden Fahrt gegen Mittag in Sindelfingen ankam, fand ich die Wohnungstür offen und den gesamten Clan fröhlich in der Küche versammelt und laut und ausgelassen durcheinanderschnatternd. Meine Eltern, die ominöse Cousine meiner Mutter, ihr Mann und …

»Eccolo qui! Ecco mio figlio!«, sagte meine Mutter pathetisch und hob die Hände, wie um ihrem Herrgott dafür zu danken, dass er ihr mich zum Geschenk gemacht hatte, als ich frisch rasiert und in einem meiner besten Anzüge im Türrahmen stand und verlegen grinste. »Vieni, vieni pure, ti presento mia cugina«, rief sie mir dann fast ebenso laut zu und winkte mich herein, um mich ihrer liebsten Cousine vorzustellen, von der sie bis vor wenigen Wochen kein Sterbenswörtchen je erzählt hatte.

Zia Concetta war eine kleine robuste Frau mit kurzen, gefärbten Haaren und einer riesenhaften Brille, die auf einer kleinen Stupsnase saß. Eilfertig stürzte sie auf mich zu, um mich erst einen Moment kritisch zu begutachten und gleich darauf in die Arme zu schließen und rechts und links auf die Wange zu küssen. Sie roch nach Puder und einem schweren italienischen Parfum.

»Che bel ragazzo!«, rief sie meiner Mutter zwischen den beiden Küssen zu, um ihrem Gegenüber voll und ganz zu bestätigen, wie sehr ich ihr angeblich gefiel.

»Eh«, sagte meiner Mutter so laut, dass es noch die Nachbarn hören mussten, »non solo bello ma anche bravo«, um sich dann endlich der Person zuzuwenden, der dieses Theater einzig galt, der jungen Frau am Küchentisch nämlich, die mich unverhohlen musterte.

Antonella erhob sich langsam und ging mit einem ironischen Lächeln auf mich zu. Sie war groß – mit ihren hohen Schuhen deutlich größer als ich –, schlank und hatte blauschwarzes Haar, das ihr in verschwenderischen Locken über die Schultern fiel. Alles in ihrem Gesicht schien riesig, die Augen, die Brauen, die Wimpern, die Nase und der Mund, und alles war Ausdruck, Leuchten und Farbe. Sie hatte definitiv keine Warze und war ebenso definitiv keinen Hauch zu dick. Wenn Margarethe so etwas wie der Traum eines Italieners vom deutschen Fräuleinwunder war, dann war Antonella die italienische Antwort hierauf, der Traum der Welt von einer Südländerin.

»Piacere di conoscerti«, sagte Antonella freundlich und reichte mir die Hand.

»Piacere, piacere«, erwiderte ich mit trockenem Mund.

»Jetzt steh nicht so rum und schüttle ihr die Hand«, sagte meine Mutter, »sie gehört zur Familie – gib ihr einen Kuss!« Hölzern und ungeschickt stellte ich mich auf die Zehnspitzen, um Antonella auf die Wangen zu küssen.

»Siehst du! Geht doch«, meinte meine Mutter und schüttelte den Kopf. »Alles muss man diesem Jungen sagen.«

Keine fünf Minuten später saßen wir um den Küchentisch, auf den meine Mutter mit atemberaubender Geschwindigkeit auftrug, was sie tagelang vorbereitet haben musste. Burrata, Bresaola, Zucchini, Auberginen, Artischocken, gefüllt und frittiert, Peperonata, Schinken, Gurken und Sellerie allein als Vorspeisen, die einem von jeder Seite nicht nur angereicht, sondern beinahe schon in den Mund geschoben wurden. Teigwaren mit Käsesoße, Teigwaren mit Tomatensoße, mit Öl- und mit Knoblauchsoße nur als ersten Gang, Polpette als Zwischengang, Bistecche und Koteletts gebraten und paniert als Fleischgang, dazwischen Spinat, Mangold und Paprika – kaum war ein Teller leer, wurde wieder aufgetragen, und als Dessert Obst und eine Cassata und Tiramisu und Eis und Profiteroles in Schokoladensoße und, und, und … Dazu Wasser, Wein, den die Zia eigens mitgebracht hatte, Limonade und Bier … Unser armer Küchentisch beugte sich unter den Mengen, während alle fröhlich aßen, tranken und durcheinandersprachen und sich bald über Politik, bald über Verwandte und vor allem über Essen unterhielten, wie nur Italiener dies können. Laut und wild und durcheinander – Deutsche hätten gedacht, wir stritten, dabei ging es vielleicht nur darum, wie lange man eine Tomatensoße vorkochen muss. Antonella erwies sich dabei als erstaunlich trink-, ess- und argumentierfest. Sie sprach lauter, als eine deutsche Frau dies je tun würde, und begleitete ihre Ausführungen mit weit ausholenden Gesten, aber alles, was sie sagte, war klug, verständig und durchdacht und so, wie sie es sagte, genau richtig in dieser lauten Truppe von Süditalienern. Sie verstand offenbar eine Menge von Wirtschaft und von Zahlen und versuchte ihren Eltern gerade zu erklären, wie es immer wieder zu den Exportüberschüssen Deutschlands im Verhältnis zu Italien kam, als ihre Mutter sie streng ansah und ihr das Wort abschnitt.

»Basta adesso con queste sciocchezze!«, sagte sie streng. »Schluss jetzt mit diesen Dummheiten. Wir sind hier zu Gast, was soll Antonio von dir denken.« Und tatsächlich, Antonella schwieg folgsam, aber in ihren Augen leuchtete der Zorn.

»Es ist so ein schöner Tag draußen«, meinte plötzlich meine Mutter, nachdem wir Kaffee getrunken hatten, und wies zum Küchenfenster, durch das ein dunkler Himmel voller schwerer Wolken zu sehen war. »Wieso geht ihr Jungen nicht ein wenig raus, spazieren. Andò, zeig Antonella doch die Umgebung. Wir Alten bleiben hier und ruhen uns aus …«

»Aber *Mamma,* es regnet gleich«, wandte ich ein, weil ich, Mann der ich nun einmal bin, im ersten Moment für bare Münze nahm, was sie mir sagte.

»Ma che pioggia! Was für ein Regen denn«, insistierte meine Mutter und da hatte sogar ich es begriffen. Schönes Wetter – von wegen, dachte ich, aber sagte ich nicht. Beschämt blickte ich stattdessen zu Antonella hinüber und fragte sie, ob ich ihr vielleicht die Gegend zeigen solle, was sie ebenso beschämt bejahte.

»Che cavaliere! Was für ein Gentleman«, hörte ich meine um vier bis fünf Ecken verwandte Tante sagen, als ich Antonella die Küchentür aufhielt, um mit ihr aus diesem Schlangennest kupplerischer Mütter ins Freie zu fliehen.

Und dann standen wir draußen, in unsere Mäntel einge-
wickelt, verlegen und misstrauisch. Der Himmel hing tief.
Von Osten blies ein kühler Wind. Auch hier im Schwäbischen würde der Frühling noch lange auf sich warten lassen.

»Und hier lebt ihr also«, meinte Antonella, die ihre
Stimme schneller wiederfand als ich meine, und sah arg-
wöhnisch zu den Wolken hoch.

»Das Land, wo Milch und Honig fließen«, antwortete
ich und zeigte mit der ausladenden Bewegung eines Frem-
denführers auf den grauen Rasen vor uns.

»Che fregatura!«, sagte Antonella und begann aus vollem Herzen zu lachen. Ich stimmte aus ebenso vollem Herzen ein. Und so gingen wir los, lachend und feixend und
kümmerten uns nicht – oder jedenfalls kaum – um unsere
Mütter, deren Blicke sich uns in den Nacken bohren mussten. Nach einer Weile hakte sich Antonella sogar bei mir
unter, und ich empfand das ganz und gar nicht als unangenehm. Was hätte ich darum gegeben, einmal mit ihr die
Kajo in Freiburg herauf und herunter zu spazieren und
dort möglichst vielen Kollegen zu begegnen? Den Herren würden die Kinnladen herunterfallen.

»Ich komme mir vor wie eine Kuh auf dem Markt«,
sagte Antonella, nachdem wir hinter der ersten Kurve verschwunden waren, »meine Mutter denkt, ich finde keinen
Mann mehr, schon gar nicht, nachdem ich studiert habe.
Jetzt zwingt sie mich jeden Monat zu irgendwelchen Verwandten von uns, die ledige Söhne im heiratsfähigen Alter
haben. Ich kann dir gar nicht sagen, wie schrecklich das ist.«

»Ach – dann bin ich noch nicht einmal der Erste für
dich?«, fragte ich mit gespielter Empörung.

»Ah … nein, wenn ich richtig mitgezählt habe, bist du der Siebte. Aber du bist bisher der Netteste, das kann ich schon mal feststellen.«

»Oh, danke. Aber der Hübscheste nicht?«

»Nein, leider nicht, aber sagen wir – oberes Mittelfeld …«

»Immerhin.«

»Eben. Das ist nicht so schlecht. Wir haben eine hübsche Verwandtschaft, musst du wissen. Nur sind nicht alle so schlau … Und ich? Die wievielte Italienerin bin ich, die deinem männlichen Blick zugeführt wird? Dem Aufwand nach, den deine Mutter betreibt, entweder die erste oder die zwanzigste, und sie ist schon ganz verzweifelt, weil dir keine gefällt.«

»Das ist reizend. Du hättest ja auch sagen können, dass ich vielleicht keiner gefalle …«

»Das würde mir nicht einfallen, zumal ich weiß, wie anspruchslos Frauen werden, wenn sie über dreißig und noch immer nicht verheiratet sind.«

»Però! Du führst ein ziemlich offenes Wort.«

»Genau – das ist die erste Hürde, die ein potenzieller Ehemann nehmen muss. Das ist ein bisschen wie bei Prinzessin Turandot. Irgendwie muss man seine Auswahl ja treffen, oder?«

»Aber du bringst die Männer nicht um, wenn sie den Test nicht bestehen, oder?«

»No, non li ammazzo … Bisher jedenfalls nicht.«

»Also doch nicht ganz wie Turandot – das beruhigt mich doch sehr, zumal du ja dummerweise schon weißt, wie ich heiße …«

»Wie du heißt? Klar, meine Mutter hat's mir doch gesagt ... Ich hab's gleich. Giacomo? Michele? Nein, das waren die beiden vor dir ... Pasquale?«

»Pasquale, genau. Und du liegst ziemlich gut«, antwortete ich, »du bist tatsächlich die Erste. Bisher hat sie noch darauf vertraut, dass ich allein in der Lage sein würde, eine Braut heimzuführen, aber jetzt kann es ihr nicht mehr schnell genug gehen.«

»Lass mich raten: Sie will endlich Großmutter werden.«

»Genau – und außerdem keine deutsche Schwiegertochter.«

»Na ja, wer will die schon.«

»Ist ein Scherz, oder?«

»Ja ... und nein.«

»Auch noch Rassistin? Terrona allein genügt wohl nicht?«

»Nein, natürlich nicht. Ich hab nichts gegen Deutsche, aber du kennst doch das Sprichwort: Moglie e buoi dei paesi tuoi*. Ist, glaube ich, ein bisschen was dran. Außerdem sind die Deutschen alle ein wenig ... Ich weiß nicht, wie ich es beschreiben soll. Ich hatte einige deutsche Kommilitonen. Sie waren sehr nett, sehr aufgeschlossen, zum Teil unheimlich kultiviert und gebildet, aber ...«

»Aber?«

»Vivevano sempre come se avessero messo il freno a mano.«

»Sie lebten, als hätten sie die Handbremse angezogen?«

»Genau – kennst du das nicht? Du hast ein schönes Auto, du gibst Gas, es fährt, aber irgendwie beschleunigt es nicht

---

*Die Frau und den Ochsen besorg dir lieber im eigenen Land.

richtig. Irgendwann fängt es an zu stinken und du siehst das rote Lämpchen leuchten. Handbremse vergessen. Ich finde, die Deutschen benehmen sich genau so, immer gebremst, immer zurückhaltend, selbst wenn sie sich freuen, bleiben sie ganz leise und vorsichtig. Und wenn sie essen, ist es nie zu viel, und dann trinken sie diesen labberigen Kaffee. Ich weiß ja nicht, wie sie beim Sex sind ... «

»Oh – ich auch nicht ...«

»Ha, Lügner! Ich hab dich erwischt. Bist also doch italienischer, als ich dachte.«

»Italienischer, als du dachtest? Hattest du das Gefühl, ich hätte etwa auch die Handbremse angezogen?«

»Hm – ein wenig. Aber ich glaube, du könntest auftauen.«

Ich hatte nicht bemerkt, welche Richtung wie eingeschlagen hatten. Wir waren einfach den Wegen gefolgt, die für Fußgänger am angenehmsten schienen, und plötzlich liefen wir eine mir allzu bekannte Mauer entlang.

»Was ist das hier, der Friedhof?«, fragte Antonella und bekreuzigte sich auch schon, als sie die ersten Gräber sah.

»Ja, der Friedhof«, antwortete ich leise.

Antonella schwieg augenblicklich. So lebhaft und redselig sie gerade noch gewesen war, so stumm wurde sie jetzt.

Still gingen wir weiter. Ich hoffte, irgendwann abbiegen und dann in einem kleinen Bogen nach Hause zurückgehen zu können. Die Wolken wirkten immer bedrohlicher; wenn sie sich öffneten, wollte ich unter einem Dach sein.

Ich hatte nicht erwartet, jemanden zu treffen, den ich kannte, aber plötzlich kam sie uns entgegen, gebeugt und mit langsamen Schritten. Sie trug einen schwarzen Mantel und einen schwarzen Hut. Ihr Gesicht war bleich, das Alter und der Verlust hatten darin tiefe Falten gezeichnet. Sie musste an seinem Grab gewesen sein. Obwohl sie direkt auf uns zukam, schien sie mich nicht zu erkennen.

»Frau Schreiber, guten Tag«, sagte ich, als sie nur noch wenige Schritte von uns entfernt war.

Frau Schreiber sah auf und zögerte einen Augenblick, bevor sie mich begrüßte, so als hätte sie mich im ersten Moment wirklich nicht erkannt, ja vielleicht noch nicht einmal gesehen.

»Oh, Antonio, du bist es«, sagte sie und reichte mir ihre linke Hand, während sie sich mit der rechten eine Träne aus dem Auge wischte. Ich ergriff die Hand und wollte Frau Schreiber umarmen, zögerte aber wieder einmal zu lange, und so kam doch nur wieder etwas Ungelenkes dabei heraus. Leben mit der Handbremse eben.

»Und das ist deine Verlobte?«, fragte Frau Schreiber und zeigte auf Antonella.

»Nein, nein, eine Freundin«, antwortete ich, »Antonella …« – natürlich fiel mir der Nachname nicht ein.

»Piacere, Antonella, mi chiamo Ingrid. Sono la madre del miglior amico di questo ragazzo – anzi ero la madre,« sagte Frau Schreiber in schönstem Italienisch und reichte Antonella die Hand. »Che bella ragazza che sei.«[*]

Antonella musste die Situation sofort erfasst haben. Sie nahm Frau Schreibers Hand, hob sie zu ihrem Gesicht und legte ihre Wange hinein. Frau Schreiber schien

---

[*] »Freut mich, Antonella, ich heiße Ingrid. Ich bin die Mutter des besten Freundes diese Jungen – vielmehr, ich war die Mutter. Was bist du für ein hübsches Mädchen.«

gerührt von dieser Geste und für einen Augenblick formte ihr bitterer Mund ein sanftes Lächeln. So blieben wir stehen, ohne ein Wort zu wechseln.

»Du hast eine glückliche Mutter«, sagte Frau Schreiber nach einer Weile an mich gewandt. Ich antwortete nicht und drückte nur ihre Hand. Für eine Mutter, die ihr Kind verloren hatte, musste jede andere Mutter glücklich sein.

»Ich hätte mir so gewünscht, dass Vittorio eines Tages eine junge Frau mit nach Hause bringt …«, sagte sie seufzend und wandte sich ab. »So gewünscht«, wiederholte sie mit Blick auf die Friedhofsmauer.

Natürlich hätte ich ihr erklären können, dass Antonella nicht die Frau war, die ich nach Hause brachte, um sie meiner Mutter vorzustellen, aber ich ließ es. Antonella selbst schwieg, lächelte zart und hielt weiterhin die Hand der Trauernden an ihre Wange. Irgendwann sah uns Frau Schreiber wieder an und versuchte dabei so etwas wie Zuversicht in ihren Blick zu legen, wie um uns zu bedeuten, dass wir uns um sie keine Sorgen zu machen brauchten. Ich schaffe das, sollte uns dieser Blick sagen, das Leben geht weiter. Diese Gelegenheit ergriff ich, um mich zu bedanken.

»Bedanken?«, fragte Frau Schreiber mit schwacher Stimme. »Wofür möchtest du dich denn bei mir bedanken?«

»Für die Tagebücher«, antwortete ich, »für Vittorios Tagebücher, die Sie mir geschickt haben.«

»Tagebücher?«, wiederholte Frau Schreiber und sah mich verwirrt an. Sie wusste offenbar nicht, wovon ich sprach. »Ich habe dir keine Tagebücher geschickt. Ich wusste noch nicht einmal, dass Vittorio Tagebücher hatte …«

»Oh, entschuldigen Sie …«, sagte ich in dem Bewusstsein, gerade etwas sehr Dummes getan zu haben.

»Tagebücher«, sagte sie noch einmal völlig ausdruckslos, »das muss wirklich jemand anderer gewesen sein. Ich habe nie irgendwelche Tagebücher gesehen.«

Ich wusste nicht, was ich antworten sollte. Hätte ich selbst Tagebuch geführt, hätte ich sicher versucht, dies vor meiner Mutter zu verbergen. Sie hätte sie gelesen, und das natürlich ohne jeden Skrupel. Daher schien es mir nicht ungewöhnlich, wenn Frau Schreiber nichts von den Tagebüchern ihres Sohnes wusste. Aber natürlich musste es sie kränken, dass Vittorio diesen Teil von sich vor ihr verborgen hatte. Antonella sah mich fragend an. Sie verstand nicht, worüber wir sprachen, empfand aber offenbar, dass sich die Stimmung Frau Schreibers geändert hatte.

»Ein Freund vielleicht …«, meinte ich schließlich aus Verlegenheit.

»Ja, ein Freund vielleicht …«, sagte Frau Schreiber wieder ohne jeden Ausdruck. »Er hatte nicht viele Freunde«, schob sie nach, um plötzlich heftig zu werden und beinahe herauszuschreien: »Seitdem ich ihn auf dieses vermaledeite Internat geschickt habe, hatte er nicht mehr viele Freunde. Die haben ihn mir verdorben, diese Pfarrer! Und ich, ich allein bin schuld daran!«

»Aber nein. Sie sind doch nicht schuld, niemand ist schuld an irgendetwas«, versuchte ich sie zu beschwichtigen, während Antonella ihr mit der Hand über den Rücken strich.

Frau Schreibers Zorn verflog, so schnell wie er gekommen war, und schon sank sie wieder in sich zusammen. Die Trauer war viel zu stark, um einem anderen Gefühl allzu lange Raum zu geben.

»Ich habe es gut gemeint …«, sagte sie tonlos. »Ich wollte nur das Beste für ihn …«

»Natürlich«, antwortete ich, »das wissen wir, das wissen alle …«

»Ich hätte ihn niemals in dieses Internat geben sollen …«, sagte sie leise und sah zu Boden. Sie blieb einen Moment stumm stehen, um dann plötzlich wie aus einem Traum aufzuschrecken. »Entschuldigt, entschuldigt, ich muss nach Hause«, sagte sie unvermittelt, wandte sich mit diesen Worten von uns ab und ging weiter, ohne sich noch einmal umzusehen und ohne jeden Gruß. Sie war fast schon um die Ecke der Friedhofsmauer gebogen, als mir etwas einfiel, worum ich sie bitten wollte.

»Frau Schreiber, Frau Schreiber, warten Sie!«, rief ich und lief ihr schnell hinterher.

»Ja, Antonio, was ist denn?«, fragte sie halb abwesend, nachdem ich sie eingeholt hatte.

19

Es vergingen nur wenige Tage, da hielt ich das kleine Päckchen in Händen. Imbery hatte es mir mit der Tagespost und den täglichen Polizeiberichten nach oben in mein Mansardenbüro gebracht, das jetzt, nachdem Margarethe ihres vor einigen Monaten geräumt hatte, wieder der einzig genutzte Raum im Dachgeschoss war. Seitdem schien er auch das Bedürfnis entwickelt zu haben, nach mir zu sehen, und sich um mich zu kümmern. Wer weiß, warum.

Auf dem Weg vom Friedhof nach Hause hatte ich Antonella natürlich erzählt, wer die Frau war, der wir begegnet waren. Sie hörte aufmerksam zu und ließ sich lange erklären, was Vittò für mich bedeutet und wie sehr er sich schon nach den ersten Monaten in St. Blasien verändert hatte.

Zu Hause angekommen wurden wir von unseren Familien fröhlich und aufgedreht – viel zu fröhlich und aufgedreht – und mit neugierigen Blicken begrüßt. »Ihr wart aber lange weg«, sagte meine Mutter anerkennend und nickte schwer mit dem Kopf. »Ihr müsst euch sehr gut verstanden haben.«

»Haben wir, Zia«, sagte Antonella mit einem breiten Lächeln, von dem ich nun gar nicht wusste, wie ich es verstehen sollte, während meine Mutter ebenso vielsagend zurücklächelte. Mir wurde unwohl bei dem Gefühl, dass diese beiden Frauen sich vielleicht besser verstehen könnten, als mir lieb war.

Aber tatsächlich, es war spät geworden über dem ausufernden Mittagessen und dem Spaziergang, Antonella und ihre Familie würden bald gehen. Wir tranken einen letzten Espresso zum Abschied und aßen Zuckermandeln, die Zia Concetta – wie sie lang und breit erklärte – eigens aus der Pasticceria Onkel Carmelos mitgebracht hatte, weil man doch weiß, dass er weit und breit die besten Zuckermandeln macht …

»Onkel Carmelo?«, fragte meine Mutter. »Ist das der Bruder von Michele mit der Wäscherei?«

»Nein, nein, das ist Carmelino, ein Nichtsnutz, liegt seiner alten Mutter immer noch auf der Tasche, eine Schande! Carmelo ist der Sohn unseres Großonkels Orazio, du weißt doch, der im Krieg die linke Hand verloren hat.«

»Ahhhhhh, der.«

Als es dunkel wurde, brachen die drei auf. Ein Taxi wartete draußen, um sie zu ihrem Hotel in Stuttgart zu bringen, wo ihre Reisegruppe heute den Abend verbringen würde – morgen ging es weiter nach Nürnberg, übermorgen nach München und von dort über den Brenner zurück nach Italien. Italiener lieben solche Busreisen. Natürlich war die Abschiedszeremonie genauso laut und lebhaft, wie der ganze Nachmittag laut und lebhaft gewesen war, aber inmitten der Aufregung um Päckchen, die noch zu verteilen, und Päckchen, die mitzunehmen waren, um Mäntel und Schals und Mützen, die man wegen der nordischen Kälte anzuziehen hatte, und der Grüße, die man diesem und jenem Onkel und den Cousins zweiten und dritten Grades noch bestellen musste, bemerkte ich, wie sehr ich dieses Durcheinander liebte und wie nahe mir all das war. Und als ich mich von Antonella verabschiedete, löste ich die Handbremse und küsste sie vor aller Augen auf den Mund.

»Allora«, sagte meine Mutter, nachdem unser Besuch gegangen war, und sah mich anerkennend an, »du bist ja doch nicht so dumm.«

»Staatsanwaltschaft Freiburg, Herrn Staatsanwalt Antonio Tedeschi, persönlich …« Die Adresse war mit Kugelschreiber und ein wenig kindlicher Schrift geschrieben, das Päckchen gründlich verpackt, das Heft noch in Konditoreipapier eingeschlagen. Vorsichtig löste ich die Verpackung und hielt es dann in Händen. »Abitur 1974 – Starker Jahrgang, starker Abgang«, stand auf der schmalen Broschüre, gleich über einem Gruppenfoto einer reinen Jungenklasse, das offenbar vor dem Dom in St. Blasien aufgenommen worden war. Das Foto war stark verkleinert und der Druck schon etwas verblasst, sodass ich nur noch wenige Gesichter wirklich ausmachen konnte, aber sein Gesicht entdeckte und erkannte ich natürlich sofort. Schmal stand er da, links oben in der hintersten Reihe, mit traurigen Augen und einem halben Lächeln.

Die Abi-Zeitung des Jahrgangs 1974 des Jesuitenkollegs St. Blasien unterschied sich nicht wenig von den Schüler- und Abi-Zeitungen, die ich kannte. Unsere bestand aus einem Sammelsurium von Witzen und Anekdoten rund um unseren Schulalltag und war voller Anspielungen auf Schüler-Amouren, Trinkgelage, Schummeleien bei Prüfungen und Schwächen und Eigenarten unserer Lehrer. Vittorios Abi-Zeitung schien dagegen mehr wie ein ernster und getragener Abschlussbericht über Erfolge und Leistungen junger Erwachsener, die nach einer behüteten, aber anspruchsvollen Schulzeit zwischen Klostermauern nun von ihren Lehrern und Patres in ihre ebenso ernste wie zweifelsohne erfolgreiche Zukunft entlassen wurden. Witze, Sprüche, kolportierte Wortgefechte zwischen Schülern und Lehrern? Fehlanzeige. Stattdessen seitenlange Berichte über Schulkonzerte, Spendensammlungen für eine katholische Mission in der Dritten Welt, die erfolgreiche Aufführung von Schillers »Don Carlos« unter der wahnsinnig originellen Überschrift: »Geben Sie Gedankenfreiheit …«, und Elogen über die sportlichen Leistungen dieses und jenes Schülers, den Preisträger des Faches Latein, den Jahrgangsbesten in Physik und Mathematik, der zugleich eine der besten Abiturnoten in ganz Baden-Württemberg erzielt hatte und, und, und …

Wie ich erhofft und vermutet hatte, enthielt die Zeitung von jedem einzelnen Schüler des Jahrgangs ein Porträtfoto mit Namen und Geburtsdatum und einen kleinen Bericht über seine Leistungen. So erfuhr ich, dass Vittorio jahrelang als Ministrant in Dom gedient und in der Kunst-, der Theater- und in der Italienisch-AG gewesen war und dass er die Kulisse der überaus erfolgreichen Don-Carlos-Inszenierung (Geben Sie Gedankenfreiheit …) entworfen, gebaut und bemalt hatte, wofür ihm das ganze Kolleg besonderen Dank schulde. Das war es dann.

Hatte ich mehr erwartet? Wurde ich enttäuscht? Ich weiß es nicht. Vielleicht hatte ich mir für ihn etwas anderes erhofft, einen Preis, eine Auszeichnung, die Anerkennung seiner Kameraden, den Titel des beliebtesten Schülers … Irgendetwas in der Art hätte ich ihm sehr gegönnt, aber wenn er diese Anerkennung bekommen hätte, hätte er sich kaum zu Tode gehungert, nicht wahr?

Aber Vittorio und seine Schullaufbahn waren nicht der eigentliche Grund, wieso ich diese Abiturzeitung durchsah. Es ging mir um jemanden anderen, und ich erkannte ihn sofort. Auch ohne den auffälligen Namen hätte ich ihn unter den anderen Schülern leicht und ohne zu zögern ausgemacht. Breit das Lachen, breit das Gesicht, selbstbewusst und abschätzend der Blick. Da war sein Bild, seine Kurzvita, seine Leistungen. Kapitän des Hockeyteams, Sportskanone, Preisträger bei den Bundesjugendspielen, bei Schülern und Lehrern äußerst beliebt … Maximilian Schmidt-Sulzberg sah in die Welt, als gehöre sie ihm.

Ich betrachtete das Foto lange, ahnte die Brutalität, die sich hinter dem selbstbewussten Blick verbarg, die Verschlagenheit hinter dem offenen Lächeln, sah vor mir, wie er auf Jüngere, Kleinere, Schwächere eindrosch und sich mit den Größeren und Kräftigeren gut zu stellen vermochte, und wusste, dass diesem Junge wegen genau dieser Eigenschaften eine glänzende Karriere bestimmt war. Schmidt-Sulzberg … Ich fand es ungewöhnlich, dass er einen Doppelnamen trug. Das kannte ich bisher nur bei verheirateten Frauen – damals vor allem bei Lehrerinnen beliebt. Mir kam er allerdings mehr als gelegen, denn so würde der Namensträger sehr viel leichter zu finden sein, als wenn ich es nur mit einem Maximilian Schmidt zu tun gehabt hätte. Ich rief bei der Polizei an und bat darum, für mich die Adresse zu recherchieren.

»Auskunftsgrund?«, fragte die Beamtin am anderen Ende der Leitung routiniert.

»Vorermittlungen«, antwortete ich.

»Ich habe hier drei im Rechner …«, sagte sie. »Haben Sie ein Geburtsdatum?«

Und ja, ich hatte eines – das aus der Abi-Zeitung.

»Ja, damit kann ich etwas anfangen«, sagte die Polizistin am anderen Ende der Leitung. Es dauerte keine Minute und sie nannte mir eine Adresse in Frankfurt.

20

»Vorermittlungen« – ich muss gestehen, als ich das Wort aussprach, war ich selbst davon überrascht. Bisher war ich nur den Spuren eines toten Freundes gefolgt. Angetrieben von Mitgefühl und Trauer, hatte ich verstehen wollen, was mit ihm und auch was mit uns geschehen war. Ich wollte begreifen, wieso er mich als Kind so heftig abgewiesen und später irgendwann zu essen aufgehört hatte, dass dies seinen Tod bedeutete – und all das wollte ich immer noch, aber dieses Wort, »Vorermittlungen«, gab mir nun noch einen anderen Impuls, eine gewisse Entschlossenheit vielleicht. Ich ließ mir von der Auskunft die Telefonnummer Maximilian Schmidt-Sulzbergs geben und war nicht verwundert darüber, dass nur eine berufliche Nummer hinterlegt, die Privatnummer dagegen gesperrt war. Auch dass Schmidt-Sulzberg augenscheinlich in einer großen Frankfurter Anwaltskanzlei tätig war, überraschte mich nicht wirklich. Ich hatte es beinahe erwartet.

»Boesebeck, Barz und Partner«, begrüßte mich die freundliche Dame am anderen Ende der Leitung, »was kann ich für Sie tun?«

»Antonio Tedeschi, Staatsanwaltschaft Freiburg, ich möchte gerne mit Herrn Schmidt-Sulzberg sprechen.«

»Worum geht es? Kann ich ihm eine Akte vorlegen lassen?«

»Vorermittlungen, ich glaube nicht, dass er mit dem Vorgang schon befasst war«, erwiderte ich routiniert – wir waren schließlich in der gleichen Branche. Vorermittlungen …

»Gerne, jetzt hab ich nur Ihren Namen nicht richtig verstanden …«

»Tedeschi – Theodor, Emil, Dietmar … gesprochen Tedeski …«

»Ah, ein polnischer Name. Ich stelle durch …«

»Genau«, sagte ich, während mir schon der erste Satz aus Antonio Vivaldis »Vier Jahreszeiten« – wieder so ein Pole – das Warten verkürzen sollte.

»Sekretariat Dr. Schmidt-Sulzberg, Riemann, was kann ich für Sie tun?«, begrüßte mich die zweite freundliche Telefonistin.

»Antonio Tedeschi, Erster Staatsanwalt in Freiburg, ich möchte gerne mit Herrn Schmidt-Sulzberg sprechen.«

»Worum geht es? Kann ich ihm eine Akte vorlegen lassen?«

»Vorermittlungen, ich glaube nicht, dass er mit dem Vorgang schon befasst war«, erwiderte ich zum zweiten Mal.

»Gerne, jetzt hab ich nur Ihren Namen nicht richtig verstanden …«

»Tedeschi – Theodor, Emil, Dietmar … gesprochen Tedeski …«

Und wieder Vivaldi …

»Schmidt-Sulzberg, guten Tag«, ertönte eine männliche Stimme dann, sicher, geschäftsmäßig …

»Antonio Tedeschi, Staatsanwalt in Freiburg. Wir führen hier Vorermittlungen wegen eines ehemaligen Klassenkameraden von Ihnen«, sagte ich sachlich, so sachlich, wie ich es in anderen Fällen auch sagen würde, und so sachlich ich es vermochte.

»Ein Klassenkamerad von mir?«, fragte Schmidt-Sulzberg. »Um wen geht es denn?«

»Vittorio Schreiber«, antwortete ich, »Sie waren zusammen auf dem Kolleg in St. Blasien.«

»Vittorio Schreiber? Tut mir leid, der Name sagt mir gerade gar nichts …«

»Ich glaube, Sie nannten ihn Giovanni«, sagte ich, mühsam gegen den Zorn ankämpfend, der in mir aufstieg.

»Giovanni!«, rief er laut und lachend. »Jetzt weiß ich es wieder, Giovanni. War mit mir auf der Stube. Was hat er denn angestellt?«

»Oh, nichts, er hat gar nichts angestellt«, antwortete ich, »er hat sich … er ist tot.«

»Oh, das tut mir sehr leid«, sagte er und legte eine kleine Kunstpause ein. Offenbar hatte er gelernt, dass man die empathische Wirkung solcher Bemerkungen verstärkte, wenn man danach eine Pause einlegte. »Wann ist er denn gestorben?«

»Vor etwa einem Monat …«

»Das ist … das ist sehr traurig«, sagte er, klang aber wenig berührt. Eher wie ein Geschäftsmann, der noch einen Termin hat und möglichst bald zum Punkt kommen möchte. »Und wie kann ich Ihnen jetzt helfen? Ich habe ihn, glaube ich, zwanzig Jahre nicht mehr gesehen.«

»Es geht um Ihre Zeit in St. Blasien«, antwortete ich.

»St. Blasien? Was sollte unsere Zeit in St. Blasien mit seinem Tod … Woran ist er noch mal gestorben, sagten Sie?«

»Ich habe es noch gar nicht gesagt«, erwiderte ich kühl und überlegte kurz, ob ich ihn einweihen konnte, fand aber, dass mir kaum etwas anderes übrig blieb. »Er ist … Er hat sich in gewisser Weise umgebracht.«

»Oh«, hörte ich Schmidt-Sulzberg sagen und fand ihn dabei zum ersten Mal betroffen. »Umgebracht … Und Sie meinen, dass hätte irgendetwas mit unserer Zeit in St. Blasien zu tun?«

»Ja, das meine ich …«

»Okay, ich verstehe. Nur, erlauben Sie … ich bin kein Strafrechtler, aber gegen wen richtet sich das Verfahren denn?«

»Es ist ein UJs-Verfahren«, meinte ich, so neutral ich nur konnte. »Das Verfahren richtet sich gegen unbekannt.«

»Und wieso soll es etwas mit St. Blasien zu tun haben?«
Die Frage war berechtigt, trotzdem überraschte sie
mich. Was sollte ich antworten? Dass ich so ein Gefühl
hatte? Ausgeschlossen. Staatsanwälte ermitteln nicht,
weil sie so ein Gefühl haben, und falls doch, würden
sie es nicht zugeben. Dass er das meine Sorge sein lassen sollte? Kaum. Auf so eine überhebliche Antwort hin
hätte er sich sofort verschlossen und das Gespräch abge-
brochen. Schmidt-Sulzberg war niemand, der sich durch
den bloßen Anruf eines Staatsanwalts beeindrucken ließ.

»Wir haben Hinweise darauf …«, antwortete ich dunkel.

»Hinweise?«

»Hinweise. Sie erinnern sich sicher, es ist nicht der
erste Freitod in Ihrem Jahrgang.«

»Oh, mein Gott«, brach es plötzlich aus ihm heraus,
»das Peterle – Peter, wollte ich sagen.«

»Sagen sie ruhig Peterle«, meinte ich, »der war er ja
wohl für Sie …«

»Ja«, antwortete er, »das Peterle … Sein Tod hat uns
damals sehr getroffen – alle sehr getroffen.«

»Ja, das kann ich mir gut vorstellen.«

Wir verabredeten ein Treffen in seiner Kanzlei in
Frankfurt. Er entschuldigte sich, dass er wegen allzu vie-
ler Termine nicht nach Freiburg kommen könne, und ich
fand die Idee, meinen Schreibtisch einen Tag lang zu verlassen, verlockend genug, um ihm ein Treffen in Frankfurt
vorzuschlagen. Seitdem wir auf den Selbstmord Peters
zu sprechen gekommen waren, war er mir weicher und
zugänglicher erschienen als davor.

21

Am folgenden Freitag bestieg ich den ICE nach Frankfurt, vier Tage, während derer meine Mutter dreimal anrief, um nachzufragen, ob ich in der Zwischenzeit mit Antonella telefoniert hätte.

»Nein, *Mamma*, habe ich nicht«, erklärte ich ihr beim ersten Mal, »ich habe ihre Nummer gar nicht.«

»Du hast ihre Nummer gar nicht? Soll das heißen, du hast sie nicht nach ihrer Nummer gefragt?«

»Genau, das soll das heißen«, antwortete ich, worauf sie meinte: »Dio mio! Du bist ja doch dumm.«

Beim zweiten Anruf wollte sie dann wissen, ob Antonella vielleicht mich angerufen hätte, was aber gleichfalls schlecht möglich war, weil sie meine Nummer ebenso wenig kannte wie ich ihre.

Beim dritten Anruf schließlich gab sie mir Antonellas Nummer – was möglich geworden war, weil sich ihre Cousine Concetta gemeldet hatte, nachdem auch ihr aufgefallen war, dass »i ragazzi« es leider versäumt hatten, die Adressen auszutauschen. (»Sie haben ja studiert, aber in diesen praktischen Dingen, Madonna santa!«)

Wer sich nicht meldete, war Margarethe.

Nach etwas mehr als zwei Stunden kam ich am Hauptbahnhof in Frankfurt an und nahm die S-Bahn zur Konstablerwache, von wo aus es nur noch wenige Schritte zu dem Bürohochhaus sein sollten, in dem sich die Kanzlei Boesebeck, Barz und Partner befand. So hatte er es mir bei unserem Telefonat noch erklärt. Als ich vor diesem Glaspalast stand und nach oben sah, wurde mir beinahe schwindelig, so sehr überwältigte mich der Anblick, der sich mir bot. Wie viele Stockwerke türmten sich da vor meinen Augen auf? Vierzig oder fünfzig? Ich vermochte es nicht zu sagen und fühlte mich wie ein Bauer im Mittelalter, der zum ersten Mal vor einer Kathedrale stand, deren Spitze ihm so hoch erscheinen musste, dass sie den Himmel berührte. Und ja, auch das Gebäude, das sich vor mir erhob, war eine Kathedrale – eine Kathedrale unserer Zeit eben, nicht Gott, sondern dem Glauben unserer Zeit gewidmet.

Die Empfangshalle war ganz in Marmor gehalten; ein freundlicher Pförtner wies mich zu einem mit Teppichboden ausgeschlagenen Fahrstuhl, der mich beinahe lautlos in den fünfunddreißigsten Stock hob. Dort hatte die Kanzlei Boesebeck, Barz und Partner die letzten oberen Stockwerke gemietet. Von hier aus betreuten die Anwälte ihre Mergers, Fusionen, PPPs und alles andere, was in der Juristerei Umsatz brachte. Nicht das erste Mal fragte ich mich, ob es wirklich eine gute Idee gewesen war, Staatsanwalt in Freiburg zu werden.

»Sie wünschen?«, fragte die elegante Empfangsdame und strahlte mich an. Sie musste mich für einen Mandanten halten.

»Ich habe einen Termin mit Herrn Schmidt-Sulzberg, fünfzehn Uhr«, beeilte ich mich zu antworten.

»Fünfzehn Uhr, fünfzehn Uhr …«, wiederholte sie, während sie mit einen Bleistift auf ihrem Computerbildschirm entlangfuhr. »Wie war noch gleich Ihr Name?«

»Tedeschi – Staatsanwaltschaft Freiburg«, antwortete ich und versuchte dabei gelassener zu wirken, als ich war.

»Ah, da habe ich Sie ja«, sagte sie freundlich und strahlte mich weiter an, während sie einen Telefonhörer in die Hand nahm und in die Sprechmuschel flötete, dass der Termin für Herrn Schmidt-Sulzberg nun da sei. »Bitte nehmen Sie noch einen Augenblick Platz«, meinte sie schließlich und wies in Richtung einer ledernen Sitzecke, »es wird Sie gleich jemand abholen.«

Es dauerte eine Viertelstunde, bis Schmidt-Sulzberg eine Sekretärin nach mir schickte, aber ich war nicht undankbar, dass er mich warten ließ. Die Zeit gab mir Gelegenheit, mich an die ungewohnte Umgebung zu gewöhnen und wieder ein wenig selbstsicherer zu werden. In solche Kanzleien hatte es sie also verschlagen, die Kollegen mit den Spitzenexamen, denen die Arbeit beim Staat zu langweilig und vor allem zu wenig einträglich war, die jungen Herren aus den guten Familien, mit ihren Streifenhemden und grünen Rollkragenpullovern, die mich während des ganzen Studiums so misstrauisch beäugt hatten. War ich eingeschüchtert durch den Anblick dieser Räume? Ein wenig. Eifersüchtig auf das Geld, das hier verdient wurde? Ein wenig mehr. Neidisch? Ja, neidisch war ich, neidisch auf die Selbstsicherheit der Kollegen, die hier, Akten in der Hand, schnurlose Telefone am Ohr, von einem Büro zum nächsten gingen, neidisch auf die Bedeutung, die sie mit sich trugen, die Gewissheit, zu einer Anwaltselite zu gehören, die an allen wichtigen Geschäften beteiligt war, die in dieser Republik abgewickelt wurden. In Kanzleien wie dieser fusionierten Krupp

und Hösch, konzentrierten sich die Verfassungsbeschwer-
den gegen den Vertrag von Maastricht, wurde die BRD
bei der Privatisierung der Autobahnen beraten … Hier
wurden die großen Räder gedreht, während wir Staatsanwälte in unseren dunklen und schlecht ausgestatten Büros
über unseren staubigen Akten saßen, uns dem nie versie-
genden Strom der menschlichen Untaten entgegenstell-
ten und dabei für jeden Radiergummi, den wir einkaufen
wollten, ein Formular ausfüllen mussten.

Die Arbeit in einer Kanzlei wie dieser war es gewesen,
die mein Vater mir als bessere Zukunft in Deutschland
zugedacht hatte. Um einer solchen Zukunft willen stand er
täglich am Band, bis sich sein Rücken krümmte, und über-
wies dem Sohn monatlich stolze tausend Mark, damit der
im teuren Freiburg studieren konnte und sich dabei nicht
schämen musste vor seinen deutschen Freunden … Und
umso schrecklicher war es für ihn gewesen, als ich ihm
offenbarte, dass ich nicht nur auf die italienische Staatsange-
hörigkeit verzichten, sondern Staatsanwalt werden würde,
was für ihn nur bedeuten konnte, dass ich entweder eines
Tages korrumpiert oder aber erschossen werden würde.

»Herr Tedeschi? Dr. Schmidt-Sulzberg hätte jetzt Zeit
für Sie«, sagte die hübsche Sekretärin, die plötzlich vor
mir stand. »Bitte kommen Sie mit.«

Sie führte mich in ein großes und lichtes Besprechungs-
zimmer mit Blick auf den Main. An den Wänden hingen
abstrakte Bilder, die Regale waren von USM, die Stühle Vit-
ra-Design – die Möbel allein waren ein Vermögen wert. Der
Betrag hätte genügt, um die gesamte Staatsanwaltschaft Freiburg neu einzurichten. Die Sekretärin bot mir einen Platz an,

aber ich stellte mich lieber an das große Fenster und blickte auf den Fluss, dessen dunkle Wasser träge dahinflossen.

»Herr Tedeschi? Schön, dass Sie da sind.«

Schmidt-Sulzberg war mehr als einen Kopf größer als ich – natürlich war er das –, kräftig wie ein Sportler, der nicht mehr viel trainierte und über die Jahre Gewicht angesetzt hatte, selbstbewusst, männlich und strahlend. Die Haare trug er raspelkurz, sein Gesicht war so breit wie sein Lächeln, ein Mann der Vorstandsetagen, Golfressorts und VIP-Räume. Federnd ging er auf mich zu und reichte mir seine große warme Hand. »Schmidt-Sulzberg, freut mich sehr, Sie kennenzulernen.«

»Ganz meinerseits, Dr. Schmidt-Sulzberg, ganz meinerseits«, erwiderte ich betont förmlich.

»Hat man Ihnen noch gar nichts zu trinken angeboten?«

»Doch, doch, Ihre Sekretärin war bereits so freundlich …«

»Keinen Kaffee, Wasser?«

»Nein, danke, ich habe gerade auf dem Weg hierher noch einen Espresso getrunken«, log ich.

»Gut, dann setzen wir uns, und Sie sagen mir, wie ich Ihnen helfen kann«, sagte Schmidt-Sulzberg, nahm am Kopf des Tisches Platz und wies mir den Sitz neben sich zu, wie er es mit einem nicht allzu wichtigen Mandanten ebenfalls machen würde. Den DAX-Vorständen dieser Welt hätte er sicher den Platz überlassen, den er selbst einnahm, wenn die den überhaupt in sein Büro kamen und nicht erwarteten, dass er sie aufsuchte. Er zog eine Brille aus der Brusttasche seines Jacketts und setzte sie auf. Sie war ein wenig verbogen, was mit seinem ansonsten tadellosen Äußeren – grauer Zweireiher, weißes Hemd, Krawatte und Manschettenknöpfe – eigentümlich kontrastierte.

»Und mein Freund Gio... Vittorio hat sich umgebracht, sagen Sie?«, begann er unser Gespräch, wobei er sich Mühe gab, ein wenig Mitgefühl in seinen Ton zu legen.

»Ja, in gewisser Weise«, antwortete ich zurückhaltend.

»In gewisser Weise?«, hakte Schmidt-Sulzberg nach.

Ich nickte und atmete schwer ein, um ihm zu zeigen, dass es mir nicht leichtfiel, ihm alles zu offenbaren. »Ich will offen sein. Er hat sich zu Tode gehungert.«

»Gehungert?«, widerholte er ungläubig. »Das ist ja furchtbar. Was könnte einen Mann dazu bringen, sich zu Tode zu hungern?«

»Das genau ist die Frage, die uns beschäftigt ... Ich glaube ... Wir glauben, dass es einen Zusammenhang gibt zwischen seiner Zeit in St. Blasien und diesem Tod.«

»Und Sie ermitteln jetzt wegen dieses Todes?«, fragte er nach. Er war Jurist genug, um zu wissen, dass das ungewöhnlich war.

»Ja und nein«, antwortete ich ausweichend, »die Selbsttötung ist natürlich nicht strafbar, aber es gibt Hinweise darauf, dass ihr Ereignisse zugrunde liegen, die es sind.«

»Hinweise?«

»Hinweise – bitte entschuldigen Sie, aber ich darf nichts weiter dazu sagen.«

»Und Sie denken, ich könnte etwas mit diesen Vorgängen zu tun haben?«

»Nein, das denke ich nicht. Ich denke aber, Sie könnten etwas darüber wissen.«

»Wissen … Ich habe Vittorio seit dem Abitur nicht mehr gesehen. Das ist jetzt zwanzig Jahre her. Ich wüsste nicht, was ich beitragen könnte«, antwortete er ausweichend.

»Wir haben Herrn Schreibers – Vittorios – Tagebücher aus der Zeit in St. Blasien …«, bemerkte ich, um ihm zu bedeuten, dass mir bereits einiges bekannt war, was ihm vielleicht nicht ganz angenehm sein konnte.

»Tagebücher?«, wiederholte er und zog die Mundwinkel nach unten. »Ich wusste nicht, dass er Tagebuch geführt hat. Aber wenn Sie Tagebücher haben, dann wissen Sie doch, wie es dort war.«

»Leider deuten sie vieles nur an.«

»Spiele ich eine Rolle in diesen Tagebüchern?«, fragte er zögernd nach.

Ich nickte. »In gewisser Weise.«

»Keine allzu schöne Rolle, wie ich vermute.«

»Nein, keine allzu schöne«, bestätigte ich, wobei ich mir Mühe gab, möglichst unbeteiligt und emotionslos zu wirken.

»Ich war damals ein Kind …«, sagte er und hatte dabei einen bitteren Zug um den Mund, so als erinnere er sich nicht gerne daran, wer und was er damals gewesen war.

»Niemand macht Ihnen Vorwürfe. Sie waren ein Kind, wie Sie sagten.«

»Es geht rau zu an solchen Internaten«, bemerkte er entschuldigend.

»Natürlich – machen Sie sich deswegen keine Gedanken. Sie waren ein Kind damals.«

»Tja … ich wüsste jetzt nur nicht, wie ich Ihnen helfen könnte«, meinte er plötzlich unwirsch, so als wollte er das Gespräch nun schnell beenden.

»Sie haben Kinder, nicht wahr?«, sagte ich und lächelte ihn an. Es war geraten, ich sagte es aufs Geratewohl.

»Ja, zwei Jungs«, antwortete er irritiert. »Woher wissen Sie das?«

»Ihre Brille ist verbogen.«

»Ah, Sie haben recht«, sagte er, nahm die Brille ab und betrachtete sie mit einem Lächeln, »ich habe heute Morgen noch kurz mit Ihnen gerauft. Sind zwei Prachtkerle, sieben und elf. Haben Sie auch Kinder?«

»Leider nein«, antwortete ich.

»Sie verpassen etwas.«

»Da bin ich sicher. Aber ich habe die richtige Frau noch nicht gefunden …«

»Oh, ich wollte Sie nicht …«

»Keine Sorge, Sie haben mich nicht in Verlegenheit gebracht. Meine Mutter liegt mir auch schon in den Ohren.«

»Gute Frau.«

»Oh, ja.«

»Trotzdem wüsste ich nicht, wie ich Ihnen weiterhelfen könnte.«

»Beantworten Sie mir nur eine Frage: Würden Sie Ihre Jungs ins Kolleg nach St. Blasien schicken?«

22

Es war schon dunkel, als ich zu Hause ankam. Müde, erschöpft und aufgewühlt zugleich, voller Bilder, Gefühle und Ahnungen. »Würden Sie Ihre Jungs ins Kolleg nach St. Blasien schicken?« Die Frage hatte ihn getroffen. Sein Gesicht verlor für einen Moment jede Spannung, das Unwirsche ebenso wie das vermeintlich Freundliche. Schmidt-Sulzberg antwortete nicht sofort. Er stand auf, ging zum Fenster und sah auf den Main hinaus, genau so wie ich es vor wenigen Minuten getan hatte. Es schien, als ob auch er sich der beruhigenden Wirkung des Wassers anvertraute, um seine Gedanken zu sammeln.

»Nein, das würde ich nicht«, sagte er nach einer Weile, »das würde ich ganz sicher nicht.«

Es war ein Fehler, den Hörer abzunehmen, als das Telefon klingelte. Das Gespräch konnte nur lästig sein und mich aus meinen Gedanken reißen, aber ich nahm es an, aus einem antrainierten Gehorsam heraus, dem ich mich nicht widersetzen konnte. Und natürlich – wie konnte es auch anders sein – war es wieder meine Mutter, die mich umstandslos fragte, ob ich Antonella angerufen hatte oder noch auf eine Extraeinladung wartete.

»Nein, *Mamma*, habe ich nicht … Hör zu, ich habe so viel zu tun im Büro«, hob ich zu einer Entschuldigung an.

»Ah, Büro, Büro. Ich höre immer nur Büro«, unterbrach sie mich unwirsch. »Es gibt Wichtigeres im Leben als die Arbeit. Du wirst schon ganz zum Tedesco, cretino che non sei altro.«

»Aber *Mamma*, nein – es ist wirklich wichtig«, und da unterlief mir der zweite Fehler, der weitaus schlimmere. Ich hätte es ihr nicht sagen dürfen und bereute es auch augenblicklich, aber geschehen ist eben geschehen. »Es ist keine normale Arbeit. Es geht um Vittò …«

»Vittò«, rief sie erstaunt, »was ist mit Vittò?«

»Nichts, *Mamma*, nichts. Ich darf nicht darüber sprechen.«

»Andò! Ich bin deine Mutter. Seit wann hat man Geheimnisse vor seiner eigenen Mutter?«

»*Mamma*. Es ist beruflich. Ich darf darüber auch mit dir nicht sprechen.«

»Was ist mit Vittò?«

»Versprich mir, es nicht weiterzuerzählen.«

»Parola santa.«

»Also, es gab da etwas – in St. Blasien.«

»A St. Blasien? Ma cosa dici?«

»Pater Paul haut dir aufs Maul … Pater Peter, ja, dem steht er. Pater Florian …«, rezitierte Schmidt-Sulzberg einen alten Kinderreim, den sie offenbar am Kolleg geprägt hatten. »Wissen Sie, noch vor ein paar Jahren hätte ich Ihre Frage ganz anders beantwortet«, fing Schmidt-Sulzberg zu erzählen an, »da hätte ich gesagt: Klar, das Kolleg ist gut für die Jungs. Da werden sie ordentlich an die Kandare genommen, und das hat schließlich noch keinem geschadet. Das macht Männer aus ihnen. Das war, bevor mein Ältester in die Schule kam. Er ist anders als ich, wissen Sie, zarter, feiner, kommt mehr nach seiner Mutter. Fantasievoll, verträumt, nicht sehr durchsetzungsfähig … In der Schule gab es einen Jungen. Dritte Klasse, verspätet eingeschult und älter als die anderen, Anführer einer kleinen Gang. Die haben sich ein paar Erst- und Zweitklässler herausgesucht und sie drangsaliert. Sie stießen die Kleinen auf dem Schulhof herum, warfen ihre Schulsachen in die Mülltonne. Solche Sachen. Als sie feststellten, dass sie auf keinen Widerstand stießen, gingen sie einen Schritt weiter und haben angefangen, die Kleinen zu schlagen, jeden Tag, auf dem Weg zur Schule, auf dem Weg von der Schule zurück. Als auch das für diese Kerlchen ohne Folgen blieb, gingen sie dazu über, sie zu erpressen. Zuerst mussten sie ihr Pausengeld abgeben, später zu Hause Geld stehlen und es ihnen bringen. Eines der Kinder, auf das sie es am meisten abgesehen hatten, war mein Sohn. Einzelgänger, ängstlich, unsicher … das ideale Opfer. Meine Frau und ich haben bemerkt, dass er sich veränderte. Er wurde immer stiller. Er konnte nachts nicht schlafen, fühlte sich oft krank und wollte nicht zur Schule. Aber wir dachten, das sei die Umstellung und würde sich bald legen. Aber es blieb monatelang so. Irgendwann fiel meiner Frau auf, dass Geld fehlte, und sie stellte ihn zur Rede. Keinen Ton hat er gesagt. Wir hatten schon unsere polnische Putzfrau im Verdacht, als ich ihn dabei erwischte, wie er heimlich aus meinem Portemonnaie einen Zehnmarkschein herausnahm. Erst da hat er uns alles erzählt. Wir haben dann die Schule informiert und die anderen Eltern. Es waren fünf oder sechs Kinder, die von diesem großen Jungen und seiner

Gang regelmäßig schikaniert worden waren. Es hatte sogar sexuelle Übergriffe auf ein Mädchen gegeben. Und keines der Kinder hat zu Hause etwas erzählt. Sie haben sich geschämt. Können Sie sich das vorstellen? Sie haben sich dafür geschämt, dass sie sich nicht wehren konnten. Sie haben sich dafür geschämt, dass sie Opfer geworden sind. Ich habe mir von meinem Sohn seine Leidensgenossen zeigen lassen. Sie waren ganz unterschiedlich. Einer trug eine dicke Brille, typischer Nerd. Einer hatte dunkle Haut, sein Vater ist ein US-Soldat, der die Familie verlassen hatte. Der Dritte hinkte, das Mädchen war ein wenig dick … Es waren ganz unterschiedliche Kinder, aber sie hatten eines gemeinsam: Es waren Außenseiter, diejenigen, um die sich keiner kümmerte, die keinen Schutz hatten in der Gruppe. Und mein Sohn gehörte dazu. Und während ich mir über meinen Sohn Gedanken machte, ist mir Peter eingefallen, der sich in St. Blasien damals das Leben genommen hat, und mir wurde klar, dass mein Sohn und er sich in gewisser Weise ähneln. In dem Moment habe ich mich sehr geschämt dafür, dass wir unseren Kameraden damals so wenig beigestanden haben. Das ist auch der Grund, wieso ich so hellhörig wurde, als sie am Telefon neulich Peter erwähnten.«

Während er erzählte, hatte er die ganze Zeit aus dem Fenster geblickt und mir den Rücken zugedreht. Jetzt wandte er sich zu mir um und sah mich an. Etwas Trauriges lag in seinen Augen. Ich hatte ihn für einen rücksichtslosen Karieristen gehalten; ich hatte mich getäuscht. Schmidt-Sulzberg war feinfühliger, als ich erwartet hatte.

»Tut mir sehr leid für Ihren Sohn«, sagte ich.

»Oh, es geht ihm wieder gut, aber danke. Kinder verarbeiten so etwas schnell. Ich hoffe nur, er weiß jetzt, dass er sich uns immer anvertrauen kann. Damit wäre schon viel gewonnen, nicht?«

»Ich bin sicher, dass er es weiß«, sagte ich aufrichtig. Ich ließ einen Moment vergehen, bis ich wieder auf St. Blasien zu sprechen kam. »Wobei hätten Sie Peter denn beistehen sollen?«

»Gegenüber den Patres, gegenüber ihrer Brutalität, ihren Schlägen, ihren Übergriffen.«

»Welche Art von Übergriffen?«

»Können Sie sich das nicht denken?«

»Denken schon, ich müsste es nur auch hören.«

»Sehen Sie, das Merkwürdigste ist, dass wir eigentlich alle Bescheid wussten. Wir haben Scherze darüber gemacht, Kinderreime … Pater Paul haut dir aufs Maul, Pater Peter, ja, dem steht er … Pater Florian … Dieser Pater Paul konnte einem Schüler ohne jede Vorwarnung mit der Faust ins Gesicht schlagen. Ich kenne mindestens drei Schüler, denen das Trommelfell geplatzt ist, weil er sie geohrfeigt hat. Wenn im Unterricht einer etwas ausgefressen hatte, holte er ihn nach vorn, befahl ihm stillzustehen und gab ihm eine Ohrfeige, dass er zwei Meter durch das Klassenzimmer flog. Und wehe, er zuckte dabei, wehe er rieb sich danach die Wange. Dann wurde die Prozedur wiederholt. Er war ein bösartiger und heimtückischer Sadist, das ist mir heute klar, aber damals haben wir ihn hingenommen wie ein Naturereignis, wie ein Gewitter, das sich eben nicht vermeiden lässt. Wenn es blitzt und donnert, sucht man Schutz, aber man schreibt keinen Beschwerdebrief. Das ist sinnlos. Pater Peter hat uns jeden Morgen geweckt und dabei seine Finger nicht über der Decke lassen können. Meist schoben wir ein Kissen oder eine Decke zwischen die Beine, damit er uns dort nicht richtig zu fassen kriegte, aber er ließ sich auch nicht so leicht abwimmeln. Wir alle haben bemerkt, dass er dabei erregt war, und haben darüber gelacht. Wir fanden das harmlos, aber das war es natürlich nicht. Wenn wir von ihm bestraft wurden, mussten wir unsere Hosen herunterziehen und uns über einen Stuhl beugen. Er schlug uns dann mit der flachen Hand auf den nackten Hintern, drei-, vier-, fünf- oder sechsmal. Nicht allzu fest, sodass uns eine Strafe von Pater Peter allemal lieber war als eine Ohrfeige von Pater Paul ...«

»Sind Sie selbst auch ... geohrfeigt worden?«

»Nein, bin ich nicht. Und nicht etwa, weil ich nichts ausgefressen hätte. Ich war privilegiert. Meine Eltern sind nicht unvermögend. Sie haben immer wieder etwas gestiftet, wenn das Internat Geld brauchte, was praktisch immer der Fall war. Und so galten für mich nicht die gleichen Regeln. Das heißt, sie galten schon, aber es passierte mir eben viel weniger als den anderen, wenn ich sie übertrat ...«

»Was war mit diesem Pater Florian?«

»Ich fürchte, er war der Schlimmste von allen. Er war derjenige, der sich um Peter und Vittorio *kümmerte*. Sie waren seine Messdiener, seine Lieblinge, seine Protegés ...«

»Was hat er mit ihnen gemacht?«

»Ich denke, er hat sie missbraucht«, antwortete er und zuckte dabei unwillkürlich mit den Schultern.

»Sie denken?«

»Wissen Sie, wie dieser Knittelvers weitergeht? Pater Paul haut dir aufs Maul – Pater Florian … nimmt dich von hinten ran. Also, ich war nicht dabei, und keiner der beiden hat darüber gesprochen. Aber dass Pater Florian versuchte, sich Knaben zu nähern, wusste man. Er hat mit ihnen geduscht, ging mit ihnen schwimmen … nackt, wenn es nur möglich war. Und natürlich suchte er sich diejenigen aus, die sich am wenigsten wehrten. Schüler wie Peter, der sehr klein war, oder Vittorio, der als nicht eheliches Kind keine guten Karten bei uns hatte.«

»Sie wussten, dass er ein nicht eheliches Kind war?«

»Das wussten wir von Anfang an. Der Schulleiter hat es vor versammelter Mannschaft verkündet, noch bevor wir ihn zum ersten Mal zu Gesicht bekommen haben. Das ging nach dem Motto: ›Das arme Kind kann ja nichts für seine sündhaften Eltern.‹ Vittorio war damit praktisch von Anfang an zum Abschuss freigegeben.«

»Und Sie haben ihn abgeschossen …«, sagte ich. Ich konnte es mir nicht verkneifen.

Schmidt-Sulzberg sah mich aufmerksam an. Ich sah förmlich, wie sich seine Züge verschlossen. Er war jetzt wieder auf der Hut.

»Ich war ein Kind damals«, wiederholte er, »und ich bin nicht stolz darauf, was ich getan habe.«

»Ja, natürlich. Bitte verzeihen Sie. Ich bin manchmal etwas vorschnell …«

»Was ist denn Ihr Interesse an diesen Dingen?«, fragte er unvermittelt. »Ich meine, Sie kommen hier eigens aus Freiburg angefahren … Diese Vorgänge liegen über zwanzig Jahre zurück.«

Ich dachte einen Moment darüber nach, ob ich ihm die Wahrheit sagen sollte; ich entschied mich dafür. Ich hatte das Gefühl, dass ich ihm die Wahrheit schulde, nachdem er selbst so ehrlich gewesen war. »Vittorio war mein Freund«, antwortete ich also.

»Ich verstehe …«, sagte er und nickte.

»Also, was war da jetzt in St. Blasien?«, fragte meine Mutter erneut.

»Ein Pater … Ich weiß es noch nicht genau.«

»Oh dio!«

23

Vittorio war missbraucht worden, daran bestand für mich kein Zweifel. Ich sah ihn vor mir, wie er in die Sakristei ging, wo ein Mann auf ihn wartete und die Hände um ihn schlug. Ich sah ihn nackt inmitten eines dunklen Raums voller Gewänder und Talare, Kerzen, Leuchter und Weihrauchspender. Ich sah ihn, wie er sich nackt über einen Stuhl lehnte. Ich sah ihn, und meine Erinnerungen an ihn vermischten sich mit Bildern des Missbrauchs, die ich aus anderen Verfahren kannte und dort hatte sehen müssen. Väter, die ihre Töchter vergewaltigten, Onkel, die sich an ihren Neffen vergingen, Männer, die Kinder kauften, Mütter, die ihre Kinder verkauften. In mir erstanden Bilder, die ich nicht sehen wollte und vor denen ich mein inneres Auge doch nicht verschließen konnte. Ich wusste, diese Bilder würden mich lange begleiten, vielleicht für immer, sie würden mich im Traum verfolgen und im Wachen vor mich treten. Ich sah Vittorio, meinen Freund, der mir genommen worden war und dem ich nicht hatte helfen können.

Ich hatte von Schmidt-Sulzberg noch den Nachnamen Peterles in Erfahrung gebracht, Frank, ein Allerweltsname, der mir im Moment nicht weiterhalf. Ich suchte in der Abi-Zeitung nach einem Bild von Pater Florian und fand ihn auf einem Gruppenfoto der Italienisch-AG, die er offenbar geleitet hatte. Er war ein kleiner Mann mit nach hinten gekämmten welligen Haaren, einer dicken Brille und einem feinen Lächeln. Ich hätte schwören können, das Gesicht schon einmal gesehen zu haben, aber es fiel mir nicht ein, wo das gewesen sein könnte. Vittorio war nicht auf dem Foto. Vielleicht war er krank gewesen, als das Bild aufgenommen wurde. Außer dem Pater waren fünf Schüler auf dem Bild. Sie trugen kurze Haare, Hemden und Pullover. Sie wirkten angepasst für die Verhältnisse der damaligen Zeit, wie angehende Jura- oder BWL-Studenten. Der Ausdruck ihrer Gesichter schwankte zwischen gezwungenem Lächeln und jugendlicher Überheblichkeit.

Ich fand kaum Schlaf in dieser Nacht. Meine Gedanken kreisten um Vittorio, St. Blasien, die Sakristei und Pater Florian. Jedes Mal, wenn ich kurz einnickte, träumte ich von Vittorio, und jedes Mal, wenn ich ihn im Traum erkannte, schreckte ich auf und das Herz schlug mir bis zum Hals. Dabei wurde mir, je länger ich darüber nachdachte, immer klarer, dass ich mit Ausnahme eines Kinderreims nichts gegen diesen Pater in der Hand hatte, rein gar nichts. Was konnte ich tun? Eine Durchsuchung des Klosters veranlassen? Mit welcher Handhabe, aufgrund welcher Verdachtsmomente? Mit einem Trick, so wie Margarethe vor einem Jahr die Durchsuchung der Neo-Thüringia erreicht hatte? Unsere Kollegen am Amtsgericht waren vorsichtiger geworden seit damals. Sie würden mich auslachen, wenn ich den Antrag stellte.

Der nächste Tag war ein Samstag, zum Glück. Ich wäre nicht in der Lage gewesen zu arbeiten. Nach dem Frühstück nahm ich mir zum ich weiß nicht mehr wievielten Mal die Abi-Zeitung vor und ging sie Seite für Seite, Zeile für Zeile und Bild für Bild durch, um vielleicht doch noch irgendeinen Hinweis zu finden, der mich weiterbringen könnte. Bisher hatte ich vor allem nach Bildern gesucht, auf denen Vittò zu sehen war, hatte mich in seinen Ausdruck vertieft und die Kameraden, Lehrer und Patres betrachtet, die um ihn waren. Jetzt nahm ich mir jedes Bild vor, jedes Gruppenfoto, jedes Porträt, das sich in dieser Abi-Zeitung fand, und tatsächlich – unter der Überschrift »Jahre des Lernens« fand ich einen Bericht über eine Studienfahrt nach Rom, die die Schüler der Italienisch-AG in der neunten Klasse unternommen hatten, und ein Foto mit Pater Florian und einem jungen Geistlichen, dessen Züge mir bekannt vorkamen. Das Bild war alt und unscharf; die Gesichter der Abgebildeten nicht gut auszumachen. Ich suchte eigens nach einer Lupe, um es mir genau und in dreifacher Vergrößerung anzusehen. Und da erkannte ich ihn – ich wusste, wer das war.

Er schien nicht überrascht, mich zu sehen. Er stand an der Kirchentür und verabschiedete die Besucher seines Sonntagsgottesdienstes. Ob es Deutsche waren oder Ausländer, machte für ihn keinen Unterschied. Sein Lächeln galt allen gleichermaßen, aber ich fand immer noch etwas Künstliches darin, etwas Gezwungenes. Das Lächeln des Priesters, der sich vornimmt, seinen Nächsten zu lieben, es aber vielleicht doch nicht immer kann. Das Lächeln eines Mannes, der seinem Körper entsagen musste … Ich konnte es nicht entschlüsseln, aber mir fiel auf, dass es genau dieses Lächeln war, das mich an ihm abstieß.

»Oh, Herr Tedeschi, Sie sind es«, sagte er und reichte mir die Hand. »Wie schön, dass Sie kommen.«

»Sie haben mich erwartet?«

»Erwartet, ja; vielleicht auch ein wenig gefürchtet … Warten Sie, ich muss noch die Kirche abschließen, dann können wir zu mir gehen.« Er verschwand in der Kirche, wo er sich umzog. Als er wieder heraustrat, hatte er sein Priesterornat abgelegt. Er trug jetzt einen Mantel, einen dunklen Anzug und ein graues Kollarhemd.

»Kommen Sie, begleiten Sie mich. Wir können ins Pfarrhaus gehen und dort in aller Ruhe reden«, sagte er und zog mich mit sich. »Ich muss gestehen, ich bin schon ein wenig überrascht, Sie jetzt schon wiederzusehen. Nach dem wie Vittorio über sie gesprochen hat, hätte ich zwar gewarnt sein müssen, aber dass Sie so bald auf mich kommen würden, hätte ich nicht erwartet.«

Das Pfarrhaus war nur wenige Schritte von der Kirche entfernt. Es war ein von Hecken eingefasstes schlichtes und unauffälliges Wohnhaus, gebaut vermutlich in den Sechzigerjahren. Der Pfarrer öffnete die schwere Haustüre, bat mich einzutreten und führte mich in ein kleines Esszimmer, das unmittelbar neben der Küche lag.

Es war kühl. Das Haus war wenig beheizt. Flur und Esszimmer, die Räume, die ich gesehen hatte, waren mit teuren Schreinermöbeln eingerichtet, auf den Parkettböden lagen dicke Teppiche. Aber irgendetwas fehlte, ich erkannte nur nicht gleich, was es war. Ich sah mich um, auf dem Esstisch stand ein frischer Blumenstrauß, auf den Fenstersimsen Pflanzen, Bücher in den Regalen, Familienfotos auf der Anrichte ... Geschmackvoll alles. Dann fiel es mir auf: Die Wände waren kahl. Es gab in diesen Räumen kein einziges Bild, keinen Kunstdruck, keine Lithografie, keinen Stich, keine Zeichnung, kein Poster, noch nicht einmal eine Kunstpostkarte, wie jeder sie mitnahm, der nur einmal in seinem Leben ein Museum besucht hatte. Es wirkte, als hätte man sie bei der Einrichtung einfach vergessen.

»Bitte, nehmen Sie doch Platz«, sagte der Pfarrer und zeigte vage in Richtung des Esstisches. »Möchten Sie vielleicht einen Kaffee oder Tee? Ich selbst werde einen Tee trinken, das wärmt mich wieder auf. Und Sie?«

»Gerne auch einen Tee«, antwortete ich.

Während der Pfarrer in der Küche verschwand, wo ich ihn hantieren hörte, setzte ich mich und überlegte, wie man sich in einem Haus mit so nackten Mauern wohlfühlen konnte. Der Pfarrer schien ein kultivierter Mann zu sein, seine Möbel und Teppiche waren geschmackvoll, wie konnte er die Wände so ungeschmückt lassen? Egal, dachte ich, nachdem er mit einem Tablett in der Hand in der Tür erschien. Die Ausstattung des Pfarrhauses war nicht der Grund meines Besuches.

»Schön, dass Sie sich für mich Zeit nehmen, obwohl ich mich noch nicht einmal angemeldet habe«, eröffnete ich unser Gespräch.

»Gerne«, antwortete er, während er den Tisch deckte. »Sie sind der Freund eines, wie soll ich es nennen, wichtigen Gemeindemitglieds, Freundes … Ich weiß es nicht. Vittorio hat mir etwas bedeutet …«

»Vermute ich richtig, dass Sie mir die Tagebücher Vittorios haben zukommen lassen?«

»Ja, das habe ich«, antwortete er und schenkte uns Tee ein.

»War das Vittorios Wunsch?«, fragte ich weiter.

»Nein, das war – um ehrlich zu sein – sogar gegen seinen ausdrücklichen Wunsch«, antwortete er und sah dabei auf die Tasse, die vor ihm stand. Sein Gesicht war mit einem Mal sehr ernst, das künstliche Pfarrerslächeln, mit dem er mich begrüßt hatte und das vielleicht zu einer Art zweiter Natur geworden war, war verschwunden.

»Was ist damals in St. Blasien geschehen?«, fragte ich weiter.

»Wissen Sie das nicht längst?«, fragte er zurück.

»Ich müsste es von Ihnen hören …«

»Ja«, antwortete er leise, »ich kann Ihnen nur leider nichts weiter dazu sagen.«

»Und warum nicht?«

»Weil die Dinge, die ich weiß, unter das Beichtgeheimnis fallen«, antwortete er und trank einen Schluck Tee, ohne mich weiter anzusehen.

»Beichtgeheimnis?«

»Beichtgeheimnis. Ich war Vittorios Seelsorger und Beichtvater. Was er mir in der Beichte anvertraut hat, darf ich unter keinen Umständen offenbaren. Eine Verletzung des Beichtgeheimnisses führt zur sofortigen Exkommunikation des Pfarrers. Ich würde mich selbst aus der Gemeinde der Gläubigen ausschließen.«

»Warum haben Sie mir diese Tagebücher geschickt?«

»Weil ich wollte, dass jemand versteht … dass jemand Bescheid weiß«, antwortete er.

»Und?«

»Jetzt wissen Sie Bescheid.«

»Sicher – aber ich habe nichts, rein gar nichts, in der Hand gegen dieses Kloster und gegen diese Patres.«

»Ich dachte, Sie könnten jetzt vielleicht ermitteln. Eine Durchsuchung machen. Irgend so etwas.«

»Oh, ich habe ermittelt; ich war bei diesem Max, der Vittò damals so gequält hat. Er hat mir einiges erzählt. Er ist jetzt selbst Familienvater und sieht die Dinge anders als früher, aber das, was er wirklich wusste, was er selbst gesehen hatte, war nicht viel. Es gab ein paar Gerüchte, es gab einen Kinderreim … Auf einen so vagen Verdacht hin kann ich keine Durchsuchung beantragen.«

»Nein?«

»Nein«, antwortete ich bestimmt und schüttelte den Kopf. »Wenn ich also niemanden finde, der etwas aussagt, was er selbst gesehen oder was ihm jemand glaubwürdig anvertraut hat, dann bleiben mir die Hände gebunden, und es wird gegen Pater Florian kein Ermittlungsverfahren und erst recht keine Strafe geben.«

Der Pfarrer hatte mir aufmerksam zugehört, mich dabei aber nicht angesehen. Sein Blick war nach wie vor auf den Tisch und die Tasse vor ihm gerichtet. Eine eigentümliche Spannung ging von ihm aus. Obwohl er müde wirkte, schienen seine Muskeln und sein ganzer Körper unter Druck zu stehen, beinahe verkrampft.

»Sie meinen, in dem Fall wird es keine irdische Strafe geben?«

»In diesem Fall wird es keine irdische Strafe geben.«

»Können Sie dies verantworten?«, fragte er vorwurfsvoll.

»Verantworten, ich?!«, antwortete ich. »Ich bin nicht derjenige, der dies verantwortet. Das verantworten diejenigen, die schweigen, obwohl sie etwas wissen. Was meinen Sie, wieso es in Italien die Mafia gibt? Weil die Leute schweigen.« Ich drohte wütend zu werden, beherrschte mich aber. Wenn ich ihn persönlich angriff, konnte ich nicht mehr mit seiner Hilfe rechnen. Ich atmete tief durch und versuchte ihn anzulächeln. Er reagierte nicht.

»Wieso haben Sie den Orden verlassen?«, fragte ich nach einer Weile. »Ich meine, als Pfarrer gehören Sie doch nicht zu den Jesuiten, oder irre ich mich?«

»Nein, nein, sie haben recht. Ich habe den Orden verlassen. Ich wollte Gott auf eine andere Art dienen, als Priester, nicht als Mönch.«

»Und das war noch, während Vittorio in St. Blasien war, oder?«

»Ja. Ich war Novize dort, aber das Klosterleben war nichts für mich. Ich habe den Orden verlassen und bin nach Freiburg gegangen, um Theologie zu studieren und Priester zu werden.«

»Und kannten Sie Vittorio näher während Ihrer Zeit in St. Blasien?«

»Ja, wir kannten uns. Er war in der Italienisch-AG, die Pater Florian leitete. Ich wollte mein Italienisch damals verbessern. Deshalb besuchte ich den Unterricht zusammen mit den Schülern. Es waren nicht viele. So habe ich Vittorio kennengelernt.«

»Und Ihnen ist damals nichts aufgefallen? Sie haben nicht gesehen, wie sich dieser Pater Florian Vittorio näherte oder wie dieser Pater Paul die Kinder schlug?«

»Nein«, antwortete der Priester leise. Ich glaubte ihm nicht.

»Und dann haben Sie ihn im Stich gelassen, nicht wahr?«

Der Priester antwortete nicht. Schweigend saß er da und sah auf die Tischplatte, die uns trennte. Ob er etwas dachte, ob ihn etwas bewegte, war nicht auszumachen. Sein Gesicht blieb völlig unbeweglich.

»Noch einmal: Wenn niemand spricht, dann sind mir die Hände gebunden«, wiederholte ich sehr eindringlich. Er schien mich nicht zu hören. »Haben Sie wirklich nichts gesehen damals in St. Blasien? Irgendetwas, was nicht dem Beichtgeheimnis unterliegt? Eine verräterische Geste, eine unangemessene Berührung? Ist Ihnen denn gar nicht aufgefallen, wie unglücklich Peter und Vittorio gewesen sein müssen? Ein Kind hat sich umgebracht! Ich kann mir nicht vorstellen, dass man danach einfach zur Tagesordnung übergeht.«

»Nein, nein, natürlich nicht«, antwortete er ausweichend, »es gab sogar eine Untersuchung damals …«

»Eine was?«

»Eine Untersuchung, eine kircheninterne Untersuchung. Ich weiß nicht, was genau dabei herausgekommen ist. Es blieb alles geheim, und ich habe den Orden dann sehr bald verlassen. Aber es gab eine Untersuchung, das weiß ich.«

»Eine Untersuchung«, wiederholte ich und schlug mir mit der Hand gegen die Stirn. Natürlich gab es eine Untersuchung, und sicher nicht nur eine kircheninterne. Ein Kind hatte sich umgebracht. Es musste *eine Ermittlung* dazu geben.

24

Unser Archivar blickte nur kurz auf, als ich am nächsten Tag an seinen Arbeitstisch trat, um gleich wieder abweisend und vermeintlich beschäftigt auf die vor ihm liegenden Papiere zu sehen. Er trug den blauen Pullover, den er sich vor einem Jahr gekauft hatte, als er Margarethe bei der Suche nach der vermissten Strafakte in Sachen Joseph-Georg Müller zu helfen versuchte und dabei geradezu aufgeblüht war. Ich wusste, er mochte mich nicht, weil er in mir einen Rivalen um die Gunst der einzigen Frau sah, die ihm je ein wenig Aufmerksamkeit entgegengebracht hatte, aber er war der Einzige, der mir jetzt weiterhelfen konnte.

»Guten Morgen, Herr Schmiedinger«, begrüßte ich ihn besonders freundlich und lächelte ihn breit an. »Wir haben uns lange nicht gesehen. Wie geht es Ihnen?«

Schmiedinger zuckte mit den Schultern und antwortete nicht. Offenbar schien es ihm ganz und gar überflüssig, mit mir irgendein persönliches Wort zu wechseln, und sei es auch nur einen Gruß.

»Ich bräuchte Ihre Hilfe«, fuhr ich unbeirrt fort, »es geht um eine alte Todesermittlungsakte aus dem Jahr siebenundsechzig. Ein Junge namens Peter Frank, genannt Peterle, Schüler am Kolleg in St. Blasien, hat sich damals umgebracht. Ich vermute, dass es da einen Vorgang gibt.«

»Siebenundsechzig?«, wiederholte er fragend, ohne den Blick zu heben, »das ist sechsundzwanzig Jahre her … Da haben wir hier nichts mehr.«

»Und im Zentralarchiv in Karlsruhe?«

»Bei einem Selbstmord? Keine Chance. Die Akten werden nach spätestens zwanzig Jahren vernichtet.« Schmiedinger blieb völlig teilnahmslos und hielt die Augen auf die vor ihm liegenden Unterlagen gerichtet. Ich war ihm egal, der Selbstmord des Jungen war ihm egal und das wollte er mir auch zeigen, vermutlich war ihm auch die ganze Welt egal. Umso mehr traf mich die Gleichgültigkeit, mit der er sprach. Ich fühlte, wie mir die Knie weich und mir schwindelig wurde. Ich musste mich an Schmiedingers Arbeitstisch festhalten, um nicht zu stürzen. Die Bewegung kam so abrupt, dass er tatsächlich aufschreckte und mich durch seine dicken Brillengläser ansah.

»Was ist denn mit Ihnen? Sie sind ja ganz bleich«, stammelte er erschrocken und stand schnell auf, um mir einen Stuhl zu holen. »Hier, setzen Sie sich, ruhen Sie sich einen Moment aus«, sagte er dabei, wartete, bis ich sicher Platz genommen hatte, und ging dann an das Waschbecken im Archiv, um mir etwas Wasser zu holen.

»Sie arbeiten zu viel, Herr Tedeschi«, sagte er bestimmt, als er mir das Glas reichte. »Immer nur Arbeit, keine Freunde und keine Frau, das tut einem nicht gut.« Ich war dankbar für das Wasser und seine plötzliche Zuwendung und überlegte, ob er mit diesen Worten wirklich nur mich oder nicht vielleicht auch sich selbst meinte. Während ich trank, zitterten meine Hände.

»Haben Sie vielleicht irgendetwas zu essen?«, fragte ich, nachdem ich das Glas gierig geleert hatte. »Ich muss völlig unterzuckert sein.«

»Ein paar Kekse hätte ich«, antwortete er und reichte mir eine Plastikdose, die er in einer Schublade verwahrt und mit einem kräftigen Einmachgummi verschlossen hatte.

»Kekse sind super«, sagte ich nur und schob mir einen der Brownies in den Mund.

»Wie lange haben Sie nichts mehr gegessen?«, fragte mich Schmiedinger, während ich mir den nächsten Keks in den Rachen stopfte.

Gegessen? Ich wusste es nicht. Ich hatte vorletztes Wochenende bei meinen Eltern unheimlich viel gegessen, aber danach?

»Ich weiß es nicht«, antwortete ich aufrichtig, »ich kann mich nicht erinnern. Tut mir leid, dass ich Ihnen solche Umstände mache.«

»Das macht nichts«, antwortete er und klang ebenso aufrichtig dabei.

»Möchten Sie vielleicht selbst auch einen Ihrer Brownies? Die sind köstlich«, sagte ich scherzhaft und reichte ihm die Dose hin. »Gerne«, antwortete er. »Ich mache sie selbst, ich backe manchmal gerne.« Er lächelte, während er sich zu mir beugte, um sich einen Keks zu nehmen.

»Sie machen sie selbst?«

»Yepp«, antwortete er und biss genussvoll ab.

»Ich koche ganz gerne«, sagte ich, während ich noch ein paar Krümel aus der Dose fischte, »vielleicht sollten wir uns mal zusammentun. Ich koche und Sie machen einen Kuchen zum Dessert.«

»Ist noch einer drin?«, wollte er wissen und deutete auf die Dose. Ich nickte und hielt sie ihm über den Tisch.

»Hört sich gut an«, antwortete er, nachdem er den letzten Brownie genommen hatte. »Das sollten wir auf jeden Fall im Auge behalten. Ich habe noch eine ziemlich gute französische Schokoladentorte in petto.«

»So eine leichte, die einem im Mund zergeht?«

»Nö – eine schwere, die praktisch nur nach dunkler Schokolade schmeckt.«

»Oh, ich liebe diese Torte!«, sagte ich lachend. »Vielleicht haben wir ja mehr gemeinsam, als wir denken.«

»Sieht ganz so aus, Herr Tedeschi.«

»Ich glaube, Sie haben mich noch nie mit meinem Namen angesprochen«, sagte ich, nachdem ich mich wieder besser fühlte.

»Das muss daran liegen, dass Sie in meiner Anwesenheit noch nie beinahe umgekippt wären«, antwortete er immer noch lächelnd. »Ich wusste bisher gar nicht, dass Sie überhaupt Regungen haben.«

»Ich? Wie kommen Sie auf die Idee, dass ich keine Regungen hätte?«, fragte ich mit noch ein wenig dünner Stimme.

»Na, schauen Sie sich doch an! Karriere und Arbeit. Arbeit und Karriere. Kaum vierzig und schon erster Staatsanwalt, und das in Freiburg. Schickes Auto, immer die besten Anzüge. Kein Privatleben.«

»So sehen Sie mich?«, fragte ich überrascht, während ich ihm die leere Dose zurückgab. Aber er antwortete plötzlich nicht mehr und starrte besorgt auf die Tischplatte. So schnell er sich geöffnet hatte, so abrupt verschloss er sich wieder. Offenbar befürchtete er, zu vertraulich geworden zu sein. Er kam mir wie ein kleiner

Hund vor, der dabei erwischt worden war, wie er die Hausschuhe seines Herrchens zerbissen hatte, und sich nun die Pfoten auf die Augen legte, um nicht mehr gesehen zu werden.

»Schon gut, Herr Schmiedinger, keine Sorge«, sagte ich. »Ich bin froh, dass Sie so offen mit mir sprechen. Ich hätte nicht gedacht, dass ich so kühl auf Sie wirke. Wobei es, um ehrlich zu sein, umgekehrt genauso ist. Ich hatte bei Ihnen jetzt auch nicht so den Eindruck, dass Sie allzu offen sind.«

»Nein?«, sagte er überrascht. »Das ist merkwürdig. In meiner Familie gelte ich als der Offenste und Redseligste ... Meine Mutter sagte immer, ich quassle wie ein Wasserfall. Mein Bruder dagegen – stumm wie ein Fisch. An den kommen Sie gar nicht ran.«

»Merkwürdig, ja ...«, wiederholte ich und sah Schmiedinger an. Was für seltsame Bilder wir manchmal von uns und anderen im Kopf haben, dachte ich.

»Was ist das denn für eine Sache, der Sie da wieder auf der Spur sind?«, fragte er mit einem Mal interessiert.

»Ein Kindesmissbrauch durch einen Priester in St. Blasien«, antwortete ich, überlegte kurz, ob ich ihn ganz einweihen sollte, und ergänzte: »Das Opfer – eines der Opfer – war ein Freund von mir.«

»Kindesmissbrauch? Das ist eine üble Sache. Und Sie meinen, es besteht eine Verbindung zu diesem Selbstmord?«

»Ich bin mir ziemlich sicher, nur habe ich ohne die entsprechende Akte gar nichts in der Hand. Alles, was ich bisher habe, sind Gerüchte und Mutmaßungen. Ach, und einen Priester, der sich auf sein Beichtgeheimnis beruft, den habe ich auch.«

»Das ist nicht viel …«, meinte er und schien zu überlegen.

»Haben Sie nicht eine Idee, wie ich an die Akte rankommen könnte? Ich brauche irgendetwas Konkretes, etwas Handfestes. Sie waren meine letzte Hoffnung.«

»Na ja, an die Ermittlungsakte kommen wir sicher nicht mehr, aber vielleicht an den Obduktionsbericht … Also zumindest dann, wenn es eine Obduktion in der Rechtsmedizin gab.«

»Das wäre … das wäre fantastisch«, stammelte ich. »Meinen Sie, die bewahren ihre Obduktionsberichte so lange auf?«

»Oh ja, das weiß ich zufällig ziemlich sicher. Die verwahren alles dreißig Jahre lang. Riesige Keller. Der medizinische Archivar dort ist … Na ja, wir sind alle Archivare in der Familie.«

»Ihr Bruder, der Verschlossene?«

Schmiedinger nickte.

»Können Sie, können Sie ihn vielleicht anrufen?«

»Klar«, antwortete Schmiedinger und nahm schon den Telefonhörer zur Hand, »er ist schließlich mein Bruder … und er schuldet mir noch etwas.«

Aus dem Kopf wählte er eine sicher achtstellige Nummer und ließ es eine Weile klingeln. »Ja, hier auch Schmiedinger«, sagte er, nachdem der Hörer am anderen Ende offenbar abgenommen worden war. »Nein, keine Sorge, es ist nichts mit Mama. Es ist beruflich. Würde ich dich anrufen, wenn es nicht wichtig wäre? Vor mir sitzt ein

Staatsanwalt. Du weißt schon. – Ja, genau, der aus der Zeitung. Der ist an einer Sache dran ... Ich darf es dir nicht sagen, das weißt du ja, aber es ist wieder etwas Großes. Und er braucht da einen Obduktionsbericht. Selbstmord eines Jungen. – Augenblick, da muss ich noch mal nachfragen. Wie hieß der Junge noch mal?« Die Frage war an mich gerichtet. Ich wiederholte den Namen und das Todesjahr.

»Hast du verstanden?«, fragte er in den Hörer. »Ja, genau, Peter Frank, genannt Peterle. Und der Selbstmord war 67.« Schmiedinger wartete eine Weile, bis er eine Antwort erhielt. »Weißt du nicht? – Noch nicht über EDV erfasst? – Verstehe. Aber du gehst ins Archiv, oder? – Heute Nachmittag, ja, das ist gut. Das ist prima. Kommst du am Sonntag zum Essen? Mama würde sich freuen. Du weißt ja, wie sie ist. – Okay, melde dich einfach. Ich werd's ihm sagen ...«

Schmiedinger legte auf, sah mich an und nickte. Es war klar – wenn es eine Akte gab, dann würde ich sie bekommen.

25

»Zeichen des sicheren Todes: ...« Wie oft schon hatte ich die Worte gelesen, mit der die Gerichtsmediziner die Feststellungen einleiten, dass jemand verstorben ist? Und auch hier, in diesem über zwanzig Jahre alten, vergilbten Durchschlag von Peter Franks Obduktionsbericht fand ich sie wieder. »Zeichen des sicheren Todes: Leichenstarre, Todesflecken ... Todesursache: Strangulation. Fremdverschulden: nicht feststellbar ...«

Er hatte sich erhängt. Der kleine rothaarige Junge aus Vittòs Tagebuch hatte sich erhängt. In einer Werkstatt des Internats fand er einen Strick, ging in den Wald, der an den Gebäudekomplex grenzt, vermutlich auf einem Weg, den er schon seit Langem kannte, suchte sich einen Baum aus, band eine Schlinge und legte das Seil um einen Ast. Dann sprang er in den Tod. Der war aber nicht gnädig mit ihm gewesen. Beim Sprung brach er sich nicht das Genick, es blieb intakt. Die Schlinge schnürte ihm die Kehle zu, staute das Blut in seinen Adern, staute die Luft in seiner Lunge und erstickte ihn in einem Todeskampf, der dem Jungen endlos vorgekommen sein musste.

Aber danach suchte ich nicht. Ich suchte nach einem Hinweis auf das, was dem Tod des Kindes vorausgegangen sein mochte. Zeile um Zeile las ich, was der Gerichtsmediziner beschrieb. Aus den Höhlen quellende Augen mit stecknadelförmigen Einblutungen, eine aus dem

Mund hervorgetretene Zunge, blaue Einfärbungen im Bereich des Nackens und des Halses, ein abgerissener Fingernagel, vermutlich vom Versuch, die Schlinge wieder zu lösen, die sich so unbarmherzig um den Hals gelegt hatte. Keine Verletzungen im Bereich des Oberkörpers und der Arme. Keine Verletzungen im Bereich der äußeren Genitalien, keine Verletzungen der Beine. Und dann fand ich den Hinweis, den ich erwartet, den ich erhofft hatte, so unmenschlich es klingt, wenn ich es hier niederschreibe, weil ich ihn doch brauchte, diesen Hinweis, um diesem Tod zwar keinen Sinn, aber doch einen Grund zu geben, und um des Täters habhaft zu werden: ein Riss im Bereich des Afters … Beinahe triumphierte ich – nein, nicht beinahe. Ich triumphierte. Ich wusste, das war kein Beweis, die Wunde konnte viele Ursachen haben, nicht nur die eine, die uns am schrecklichsten, am abstoßendsten vorkommen muss, aber diese eine konnte sie nun einmal auch haben und zusammen mit Vittòs Tagebüchern und den Aussagen Schmidt-Sulzbergs begründete sie einen ausreichenden Verdacht für eine Durchsuchung. Glaubte ich; hoffte ich.

Durch einen Anruf bei der Polizei recherchierte ich den bürgerlichen Namen Pater Florians und erfuhr, dass er nach wie vor in St. Blasien unter der Adresse des Internats gemeldet war. Er war jetzt fast fünfundsechzig Jahre alt. Vermutlich unterrichtete er sogar noch.

Schnell legte ich die Akte an, fasste Schmidt-Sulzbergs Aussage und die Aussage des Priesters zusammen und diktierte den Antrag auf Erlass des Durchsuchungsbefehls wegen des Verdachts des sexuellen Missbrauchs von

Schutzbefohlenen und des Kindesmissbrauchs in zwei besonders schweren Fällen. Damit wurde es ernst. Die Vorermittlungen mündeten in einem Strafverfahren. Morgen Vormittag würde ich den Antrag kurz überarbeiten, am Nachmittag sollte er bei Gericht sein. Ich war zufrieden mit mir an diesem Tag, seit langer Zeit wieder einmal. Und als ich dann abends nach Hause kam, gut gelaunt und zuversichtlich, zögerte ich nicht mehr und rief sie an …

Als ich zwei Tage später ausgerechnet einen Anruf der Amtsrichterin erhielt, die sich seinerzeit von Margarethe hatte hereinlegen lassen und seither jeden Durchsuchungsbefehl dreimal prüfte, bevor sie ihn unterzeichnete, war meine Laune mit einem Mal weniger so gut.

»Ah, Herr Tedeschi«, sagte sie kühl, »gut, dass ich Sie gleich erreiche. Ich hab hier Ihren Antrag auf dem Tisch. Ich weiß ja nicht, wie Sie das sehen, aber für mich sind die Delikte, wegen denen Sie hier einen Durchsuchungsbefehl wollen, verjährt, oder meinen Sie nicht?«

»Verjährt?!«, wiederholte ich begriffsstutzig. »Äh … wieso sollten die denn verjährt …« *Sein* wollte ich noch sagen, als mir einfiel, dass ich daran überhaupt nicht gedacht hatte. Ich hatte die Verjährung nicht geprüft, schlimmer noch. Ich hatte das Problem noch nicht einmal gesehen. Wie konnte ich nur!

»Na ja«, meinte die Richterin, die ihren Coup genoss. »Der Blick ins Gesetz … Sie wissen ja, wie es weitergeht.«

Ja, das wusste ich, seit dem ersten Semester wusste ich das: »Der Blick ins Gesetz erleichtert die Rechtsfindung.« Das war der unter allen Juristensprüchen älteste und abgedroschenste, was etwas heißen will, bei all den alten und abgedroschenen Weisheiten, mit denen unsere Zunft so um sich wirft, und doch war er, wie man sah, leider immer wieder richtig. Ich hätte im Erdboden versinken mögen.

»Der Kindesmissbrauch hat eine Verjährung von zehn Jahren«, fuhr sie gnadenlos fort, »und die Vorgänge hier liegen ja wohl etwas länger zurück. Ich schlage vor, dass Sie den Antrag zurücknehmen, und wir reden nicht mehr darüber, okay?«

»Nein, warten Sie, ich habe das geprüft«, log ich, um zu retten, was nicht zu retten war, »da gibt es eine verlängerte Verjährung … Wahrscheinlich habe ich den Tatvorwurf nicht ausreichend klar formuliert, mein Fehler, aber ich hab so viel um die Ohren derzeit und jetzt gleich noch eine Teambesprechung … Ich bessere den Antrag nach. Am Montag haben Sie ihn so auf dem Tisch, dass Sie ihn bedenkenlos unterschreiben können.«

»Am Montag?«

»Montag, versprochen.«

»Also gut, weil Sie es sind. Wenn der neue Antrag aber bis dann nicht auf meinem Tisch liegt, ist es vorbei. Ich bin keine Wiederholungstäterin.«

»Sie sind keine was?«

»Wiederholungstäterin. Meinen Sie, ich blamiere mich noch einmal?«

»Aber Sie haben sich doch nicht …«

»Doch, habe ich, und das wissen Sie genauso gut wie ich. Aber dafür können Sie nichts, das habe ich Ihrer Kollegin Heymann zu verdanken. Also noch einmal, wenn der neue Antrag nicht am Montag auf meinem Tisch liegt, weise ich ab. Klar?«

»Völlig klar! Vielen Dank für Ihr Verständnis.«

»Da bin ich ja mal gespannt«, sagte die Richterin und legte auf. Und ja, was sollte ich sagen? Das war ich auch.

Kaum war das Gespräch beendet, schickte ich ein Stoßgebet gen Himmel und stürzte mich auf meinen Handkommentar zum Strafgesetzbuch. Wie war das noch mal mit der Verjährung von Sexualdelikten?

Die Verjährung von Straftaten ist abhängig von der Strafdrohung. Je länger die Strafdrohung ist, desto länger auch die Verjährung. Der sexuelle Missbrauch von Kindern wurde damals mit einer Freiheitsstrafe von sechs Monaten bis zu zehn Jahren geahndet. Die Tat galt damals noch als Vergehen, nicht als Verbrechen. Nur in einem besonders schweren Fall sah das Gesetz eine Mindeststrafe von einem Jahr vor. Das war aber nur eine Strafschärfung, für die Verjährung kam es hierauf nicht an. Die Verjährungsfrist betrug – die blöde Kuh hatte auch noch recht – auch in diesem Fall zehn Jahre. Das war unglaublich! Ich begann zu schwitzen. Fieberhaft suchte ich weiter. Hier: Verursachte der Täter leichtfertig den Tod des Kindes, betrug die Mindeststrafe fünf Jahre, die Höchststrafe fünfzehn Jahre. Das war keine einfache Strafschärfung, sondern ein eigener Tatbestand mit einer entsprechend längeren Verjährung. In diesem Fall betrug sie – zwanzig Jahre. Aber auch das genügte nicht. Moment, wann begann die Verjährung? Ich blätterte weiter: »… sobald die Tat beendet ist. Tritt ein zum

Tatbestand gehörender Erfolg erst später ein, beginnt die Verjährung mit diesem Zeitpunkt.« Das heißt, die Verjährung begann mit dem Tod Peters, zwanzig Jahre später endete sie. Der Selbstmord datierte auf das Jahr 67, er lag also sechsundzwanzig Jahre zurück. Die Frist war – verstrichen.

Ich schloss die Augen. Alles stürmte auf mich ein, Fetzen von Gedanken, tonnenschwere Zweifel.

Verjährung … Wenn man sich als Student zum ersten Mal mit der strafrechtlichen Verjährung befasst und nachliest, welchen Sinn und Zweck die entsprechenden Vorschriften haben, klingt alles so vernünftig. Die Verfolgungsverjährung soll dem Rechtsfrieden dienen. Sie verhindert, dass Taten der gerichtlichen Überprüfung unterzogen und letztlich wieder aufgewühlt werden, deren rechtswidriger Eindruck in der Gesellschaft verblasst ist. Der Sinn der Strafe wird geringer, je länger die Tat zurückliegt; ein Täter, der über Jahre unauffällig war, braucht keine Strafe zur Besserung. Wieso sollte man auch einen kleinen Diebstahl, der über Jahre zurückliegt, noch bestrafen? Was aber für den Diebstahl einleuchtend, zumindest nicht allzu dramatisch war, war für den Kindesmissbrauch eine ganz andere Sache. Das Kind musste sich sein Leben lang daran erinnern, was ihm angetan worden war; konnte dann das Recht, vielleicht sogar die Pflicht des Staates, diese Tat zu ahnden, wirklich geringer werden? Sollte das jetzt das letzte Wort sein? Und war ich wirklich so ein Trottel, dass ich das Problem der Verjährung nicht schon früher gesehen hatte? Wo war mein Kopf? Wie kam ich an diesen Pater heran?

Wie sehr hätte ich jetzt Margarethe neben mir gebraucht. Sie hätte noch irgendeinen Kniff gefunden. Aber Margarethe war nicht da, und sie rief mich nach wie vor auch nicht zurück.

Es war später Nachmittag, an Arbeit war nicht mehr zu denken. Ich machte mich zu Fuß auf den Weg nach Hause, um meine Gedanken zu ordnen. Der Tag war grau, trist und nass. Der Frühling hatte nur kurz vorbeigeschaut, sich aber schon wieder verzogen. Ein feiner dichter Nieselregen schlug mir ins Gesicht und die Kälte kroch mir unter den Mantel. Doch das alles störte mich nicht. Meine Gedanken kreisten um meinen Fall, um Peter und meinen armen Vittò und um mein Versagen ... Ich konnte mich nicht wehren, ich sah die beiden vor mir. Beide in der Sakristei, beide nackt, neben ihnen ein Schatten, die Ahnung einer Gestalt. Dann ein Wald im Winter. Bäume, die kein Laub tragen. Ein Waldweg, der zu einer Anhöhe führt. Ein Kind an einem Strick. Seine Beine zucken. Zu meinem Glück war das Gesicht abgewandt. Vittòs Tagebuch, das Kreuz, der Stacheldraht, die Rosen. Was hatte er gesehen? Hatte er Peter entdeckt? Machte er sich Vorwürfe?

»... sobald die Tat beendet ist. Tritt ein zum Tatbestand gehörender Erfolg erst später ein, beginnt die Verjährung mit diesem Zeitpunkt.«

Inmitten dieser grausamen Bilder drängten sich wieder die Worte des Gesetzes in mein Bewusstsein, als könnten sie mich schützen vor dem Angesicht des Todes. Wie geht es einem Chirurgen, der auf dem OP-Tisch einen Patienten verliert? Kommen ihm mit einem Mal die lateinischen Namen der Gefäße in den Sinn, die da gerade offen vor ihm liegen? Zwingt sich der Geist selbst dazu, den Blick abzuwenden vor dem Dunklen und Unvermeidlichen? Um nicht selbst in Dunkelheit zu verfallen?

Moment – was hatte die Richterin gesagt? Sie war keine … Wie hatte sie es formuliert? Sie war keine – Wiederholungstäterin! Natürlich. Pädophile sind, wenn sie die Grenze einmal überschritten haben, häufig Wiederholungstäter. Wenn dieser Pater sich an Vittò und Peter vergangen hatte, wenn man über ihn schon Spottlieder sang, waren die beiden nicht die einzigen Opfer. Dann hätte sich der Pater über die Jahre immer wieder an andere Jungs herangemacht, zumindest so lange, solange nicht das Alter und der sinkende Testosteronspiegel ihre Wirkung taten.

Es wurde dunkel, als ich mich umdrehte und ins Büro zurückging.

»Herr Tedeschi, ich hab da Ihren neuen Antrag auf dem Tisch …« Der Anruf der Richterin kam postwendend, und diesmal überraschte er mich nicht. »Haben Sie nicht noch irgendwelche Beweise, dass dieser Pater sich auch in den letzten Jahren an Kindern vergangen hat? Ich meine, dafür gibt es doch in der Akte wirklich nur vage Anhaltspunkte.«

»Vage Anhaltspunkte?«, wiederholte ich. »Wir haben einen Anwalt, der davon spricht, dass die körperlichen Übergriffe Pater Florians am Internat bekannt waren. Wir haben den Selbstmord eines Jungen, dessen Körper Spuren eines Missbrauchs zeigt. Wir haben einen Priester, der bezeugt, dass es damals eine internatsinterne Untersuchung gab, weil Zeugen die Übergriffe beobachtet haben. Das sind doch mehr als nur vage Anhaltspunkte«, widersprach ich, denn in diesem Punkt fühlte ich mich sicher – in diesem Punkt.

»Herr Tedeschi, ich respektiere Ihr Engagement, und meine Sympathien für Kinderschänder sind gering. Aber so kommen wir nicht weiter. Das sind Hinweise auf frühere Taten, nicht auf spätere. Wenn ich den Durchsuchungsbeschluss jetzt erlasse, ist er wieder aufgehoben, bevor Sie nur Piep sagen können, und ich möchte mich wirklich nur sehr ungern noch einmal dem Vorwurf aussetzen, meine Akten nicht gründlich zu lesen.«

»Aber Frau Becker, Pädophile sind Männer mit einem auf Kinder gerichteten Sexualtrieb. Der ändert sich nicht. Wenn sie einmal die Grenze überschritten haben, dann tun sie es wieder, es sei denn, man stoppt sie. Wenn dieser Pater Florian siebenundsechzig zwei Jungen missbraucht hat und damit durchgekommen ist, dann *müssen* wir davon ausgehen, dass er damit nicht aufgehört hat. Er hat Blut geleckt. Der Mann ist noch am Internat.«

Sie antwortete lange nicht, und ich gab mir größte Mühe, ihr Schweigen auszuhalten. Ich wusste, diese Richterin liebte es ganz und gar nicht, wenn sie allzu unvorbereitet mit Neuigkeiten oder überraschenden Wendungen konfrontiert wurde.

»Er ist noch am Internat …«, sagte sie nach einer gefühlten Ewigkeit.

»Sehen Sie sich die Adressen an«, antwortete ich. »Er

ist noch am Internat und um ihn herum sind Hunderte von kleinen Jungs. Er ist ein Fuchs in einem Hühnerstall.«

»Ein Neffe von mir geht auf das Kolleg. Er ist dreizehn«, antwortete sie nach einer weiteren gefühlten Ewigkeit.

»Dann sollten wir versuchen, ihn zu schützen, meinen Sie nicht?«

»Ja, sollten wir …«, antwortete sie stimmlos und wie zu sich selbst. »In Ordnung, Sie haben mich überzeugt. Sie bekommen Ihren Durchsuchungsbefehl. Machen Sie das Beste daraus!«

Ich hätte ihr um den Hals fallen und sie küssen können. Zum Glück telefonierten wir nur und standen uns nicht gegenüber, sonst hätte ich mich kaum zurückhalten können. Es war schon merkwürdig mit dieser Handbremse. Wenn man sie einmal gelöst hatte, ließ sie sich offenbar nicht mehr so leicht wieder anziehen. Ich bedankte mich überschwänglich für ihr Verständnis und versprach, sie werde ihre Entscheidung nicht bereuen. Ich würde den Haftbefehl bekommen, das war nun sicher. Was ich finden würde, war es nicht.

26

Das Telefonat mit der Richterin blieb nicht das einzig Aufwühlende, was an diesem Tag geschah. Ich bereitete gerade die Durchsuchung vor, die ich für den übernächsten Tag plante, und forderte dazu zwei Streifenwagen der Polizei in Waldshut an, als Wachtmeister Imbery mich anrief und sagte, er habe da jemanden aus Italien für mich.

»Italien?«, hakte ich nach. »Wer ist es denn?«

»Er sagt, er heißt Oleander. Ich verschteh ihn nit gut. Aber er will Se spreche, wenn Se ä bissle Zeit hän für ihn.«

»Gut, dann stellen Sie durch.«

»Des geht net, er isch doch do …«

»Wie *do*?«, fragte ich nach und fiel dabei unwillkürlich ins Badische.

»Hä, do unde. Er isch hier an de Pforte!«

»Ahhh! Jetzt verstehe ich«, sagte ich, »ich komme.«

Kopfschüttelnd stand ich auf und ging nach unten. Ich hatte keine Ahnung, wer auf mich warten würde. Dass mich ein Bekannter, egal ob deutsch oder italienisch, je in meinem Büro besucht hatte, war noch nie vorgekommen. In anderen Büros gab es so etwas sicher häufiger, aber bei uns war es die absolute Ausnahme. Hierfür hatten die Leute vor der Staatsanwaltschaft schlicht zu große Scheu, egal ob dies begründet war oder nicht. Und unten stand er dann. Ich erkannte ihn sofort. Gebeugt, aber immer noch groß, die Haare weiß, aber immer noch dicht.

»Ah, zio, sei tu«, sagte ich überrascht.

»Ciao, ciao Antonio«, sagte er, reichte mir die Hand und küsste mich auf die Wangen, wie es in Süditalien auch die Männer tun. Aus dem Augenwinkel sah ich Imbery in seiner Pförtnerloge sitzen und eine Loseblattsammlung einsortieren. Er gab sich große Mühe, uns nicht zu beobachten.

»Sono stato ancora una volta a Sindelfingen«, sagte Arcangelo, »ich war noch einmal in Sindelfingen an seinem Grab. Jetzt bin ich auf dem Rückweg. Als ich vorhin die Ausfahrt nach Freiburg sah, fiel mir ein, dass du hier lebst, und da dachte ich, ich besuche dich. Du hast doch einen Moment?«

»Sì, sì, certo … Ja, ja, sicher«, antwortete ich, » ich hab einen Moment. Aber hier im Büro ist es wirklich nicht schön. Lass uns einen Kaffee trinken gehen. Warte doch eine Minute, dann hole ich schnell meinen Mantel. Es ist noch etwas kühl draußen.«

»Ja, natürlich, hol nur deinen Mantel«, sagte Arcangelo. »Ich warte hier auf dich.«

Ich führte Arcangelo ins Kolbenkaffee, das von der Staatsanwaltschaft nur ein paar Schritte entfernt ist und wo man damals den einzig akzeptablen Espresso in ganz Freiburg bekam. Es war später Nachmittag, und das Kaffee wie üblich voll. Aber wir hatten Glück, denn der runde Stehtisch am Fenster zum Martinstor wurde gerade frei, als wir hereinkamen. Ich bat Arcangelo, die Plätze zu besetzen, während ich unseren Espresso holte.

»Und du fährst den ganzen Weg nach Sizilien mit dem Auto?«, fragte ich, nachdem ich unsere Kaffees und zwei

Petit Fours serviert hatte. Ich wusste noch um Arcangelos Schwäche für süßes Gebäck und dachte, ihm damit eine Freude zu machen, hatte aber kein Glück. Resigniert sah er auf den kleinen Teller vor sich und schob ihn zu mir herüber.

»Magst du keine Petit Fours?«, fragte ich erstaunt.

»Früher warst du verrückt nach Süßem.«

»Oh ja ... früher. Und heute bezahle ich den Preis dafür. Ich darf nichts Süßes mehr essen. Diabetes ... La vecchiaia è brutta – das Alter ist hässlich.«

»Oh, das tut mir leid«, sagte ich mit schlechtem Gewissen. Jetzt standen zwei dieser zuckersüßen Köstlichkeiten vor mir und ich genierte mich, sie anzurühren.

»Es gibt Schlimmeres – viel Schlimmeres«, antwortete Arcangelo und sah mich mit einem bitteren Lächeln an. Ich wurde verlegen und schwieg. Er hatte recht, es gab sehr viel Schlimmeres als Altersdiabetes. Arcangelo nahm einen Schluck Espresso, sah ein wenig unschlüssig um sich, so als ob er sich wunderte, an welchen Ort er hier geraten war, und kam dann auf meine vorherige Frage zurück.

»Nein, ich fahre nicht den ganzen Weg mit dem Auto. Ich fahre nur bis Genua. Von dort nehme ich die Fähre nach Messina. Das geht sehr gut. Ich bin gerne auf dem Wasser.«

»Dauert das nicht schrecklich lang?«

»Zwei Tage, manchmal zweieinhalb. Ich bin jetzt Rentner, ich habe Zeit. So kann ich auf dem Weg nach Hause noch in Ruhe an meinen toten Sohn denken. Zu Hause ist das schwieriger.«

»Zu Hause in Sizilien?«

»Zu Hause in Sizilien, zu Hause bei meiner Familie, zu Hause bei meiner anderen Familie – wie du willst. Eine Frau, drei Söhne, fünf Enkel. Sie trauern nicht mit mir. Für sie ist Vittorio niemand. Sie haben ihn nie gesehen, sie haben nie mit ihm gesprochen, sie reden noch nicht einmal jetzt über ihn. Mit ihnen kann ich meine Trauer nicht teilen. Und um ehrlich zu sein«, er stockte, als er dies sagte, »fürchte ich, dass ihnen sein Tod insgeheim fast ein wenig recht ist.«

»Aber Zio, das glaube ich nicht, wie kannst du so etwas sagen?«, sagte ich, weil mir die Idee, dass irgendjemand über den Tod meines Freundes erleichtert sein könnte, völlig absurd schien.

Arcangelo hob leicht die Braue und sah mich an. Diese stumme Antwort war schlimmer, als jeder laute Widerspruch es hätte sein können, und ich verstand, dass Vittòs Tod zu viele Probleme löste, als dass er nicht mit einer gewissen Erleichterung zur Kenntnis genommen worden wäre. Der Bastard in Deutschland war eine Schande für die Familie und, weit schlimmer, ein zusätzlicher Erbe, mit dem man noch hätte teilen müssen, was der Vater hinterlassen würde – irgendwann.

»Bist du deswegen noch einmal hergekommen? Ich meine, nach Sindelfingen?«, fragte ich stattdessen.

Arcangelo nickte. »Ich musste das Grab noch einmal sehen, ich musste ihm noch einmal sagen, wie leid mir alles tut. Und ich musste seine Mutter noch einmal sehen …« Die letzten Worte hatte Arcangelo kaum aussprechen können. Es war, als hätte sich sein Hals zugeschnürt, um sie zurückzuhalten. Er sah hinaus auf den Gehsteig, wo die Menschen in dicke Jacken gehüllt an uns vorbeieilten. Es wurde allmählich dunkel.

»Wie geht es Frau Schreiber?«, fragte ich, um das Schweigen zu brechen. Im Gegensatz zu Arcangelo hatte ich sie nie geduzt und sie auch niemals Tante genannt.

»Sie ist zerstört«, antwortete er. »Genauso zerstört, wie ich es bin, vielleicht noch mehr. Sie ist so zerstört, dass sie mich noch nicht einmal mehr hasst, und sie hat mich sehr gehasst in den Jahren, nachdem ich nach Italien zurückgegangen bin. Jetzt ist da nichts mehr. Sie ist nur noch eine Hülle, völlig leer in sich. Ich habe noch meine anderen Söhne und meine Enkel. Sie hat niemanden.«

Ich senkte den Kopf. Ich kannte Eltern, die ihre Kinder verloren hatten. Ich wusste um den Schlag, von dem sich keine Seele je erholte. Es gab Erschütterungen, die konnte man vielleicht noch überleben, aber seinen Frieden mit ihnen machen, das konnte man nicht.

»Dai, mangia questi dolci«, sagte Arcangelo nach einer Weile und zeigte auf die Petit Fours, die immer noch vor mir standen. »Sonst esse ich sie noch und mir tun sie wirklich nicht gut.« Ich tat ihm den Gefallen, auch wenn mir das süße und klebrige Gebäck fast im Hals stecken blieb.

Nachdem wir unsere Espressi getrunken und ich beide Petit Fours gegessen hatte, verließen wir das Café und gingen ein paar Schritte durch die Stadt. Ich zeigte Arcangelo den Rathausplatz, den Münsterplatz und das Münster, das Schwabentor und den verschwiegenen Adelhauser Platz mit seiner dunklen roten Kirche. Dort setzten wir uns auf eine Bank und sahen auf den Kastanienbaum, der seine gerade begrünten Äste in den dunklen Himmel streckte.

»Du hast es schön hier in Freiburg«, sagte Arcangelo, »ich kann gut verstehen, dass du hier lebst und nicht in Sindelfingen. Du hast es weit gebracht.«

Ich zuckte mit den Schultern, und das nicht etwa aus falscher Bescheidenheit. Ich selbst hatte nicht das Gefühl, es weit gebracht zu haben. Ich hatte noch nicht einmal das Gefühl, es überhaupt irgendwohin gebracht zu haben.

»Nicht der Rede wert, Zio«, antwortete ich. »Ich habe keine Frau und keine Kinder, ich habe noch nicht einmal Freunde. Ich habe eine Arbeit in Deutschland, das ist alles.«

»Du, keine Freunde?«, wiederholte Arcangelo fast empört. »Du warst der fröhlichste Junge, den ich kannte.«

»Ich? Ich war ein fröhlicher Junge?« Die Bemerkung traf mich völlig überraschend.

»Aber ja, aber ja«, sagte Arcangelo im Brustton der Überzeugung. »Seitdem ich dich kenne. Tu eri spirituoso. Du warst so ein lebhaftes Kind. Von euch beiden war Vittorio der Ernste und du derjenige, der die Späße gemacht hat. Ich wünschte mir damals immer, Vittorio hätte etwas mehr von dir ...« Arcangelo sprach nicht weiter. Als er nur den Namen des toten Sohnes genannt hatte, war seine Stimme wieder gebrochen.

Ich legte ihm den Arm um die Schulter, was mir dieses eine Mal gar nicht linkisch vorkam. Gerne hätte ich ihm etwas Tröstendes gesagt, fand aber keine Worte. Wie auch? Für den Tod des eigenen Kindes gibt es keinen Trost.

»Ich habe mich wohl verändert«, sagte ich irgendwann und tatsächlich erstand in mir eine Ahnung davon, dass ich früher wirklich einmal sehr viel offener und lebhafter gewesen sein musste, als ich es heute war. Die Frage war nur, wo diese Fröhlichkeit geblieben war. Es musste mit mir etwas geschehen sein über die Jahre. Was hatten sie mit mir gemacht?

»Und wieso hast du keine Freunde?«, fragte Arcangelo. Ein Mann ohne Freunde, ohne Amici, war in Italien, dem Land der Epikureer, völlig undenkbar. Mit wem trank man seinen Espresso, mit wem sprach man über Fußball, über Politik und – vor allem – über Frauen? Ein Leben ohne Freunde, das war aus Sicht dieses Volkes mit das Schlimmste, was einem Menschen widerfahren konnte. Nur ein Leben ohne Familie musste noch furchtbarer sein.

»Ich weiß es nicht«, gestand ich, »ich … ich komme einfach nicht mit ihnen klar.«

»Mit wem?«

»Mit den Deutschen«, antwortete ich, »mit den Deutschen.«

»Aber du bist doch selbst wie einer von ihnen«, sagte er erstaunt. Der Satz kam schnell, spontan und ohne nachzudenken – umso mehr traf er mich. Wie ein Deutscher zu sein, gilt in Italien – wie man sich vorstellen kann – nicht unbedingt als Kompliment. Effizient, aber kühl, zuverlässig, aber unfreundlich, reich und doch geizig. Das ist das Bild, das Italiener von den Deutschen haben. Nicht perfekt, aber offen, arm, aber gastfrei, vor allem mit einem großen, großen Herzen ausgestattet, so sehen Italiener sich selbst. Erlebte er mich so? Kühl und unfreundlich? War ich ihm so begegnet? Ich mochte Arcangelo, hatte ihn immer gemocht, verehrt sogar. Als kleiner Junge hätte ich lieber ihn zum Vater gehabt als meinen eigenen. Konnte ihm diese Zuneigung entgangen sein?

Arcangelo war verstummt. Ich weiß nicht, ob er bemerkt hatte, dass ich gekränkt war. Er schien nachzudenken, wie er sich vielleicht besser erklären konnte. Wie jemand, der nach den richtigen Worten sucht. Schließlich sagte er: »C'è sempre un prezzo da pagare – es gibt immer einen Preis zu bezahlen.«

»Eh, già – so ist es«, antwortete ich automatisch.

Arcangelo begleitete mich zum Büro zurück. Auf der Schwelle reichte er mir die Hand und küsste mich wieder auf die Wangen. Ich sah einen Arbeitskollegen an uns vorbeigehen, aber er schien uns nicht zu beachten. Ich wandte mich zum Gehen, als Arcangelo mich doch noch einmal aufhielt.

»Ingrid hat mir erzählt, dass du gegen sie ermittelst …«, sagte er vorsichtig.

Im ersten Moment wusste ich nicht, wovon er sprach. »Gegen wen …?«, fragte ich.

»Gegen die … gegen die Priester da, an diesem Internat«, sagte er leise und sah mir verschwörerisch in die Augen.

»Oh, da hat meine Mutter ihren Mund wohl nicht halten können.«

»E dai … sei nicht so. Ingrid war so aufgewühlt, als du sie um Vittòs Schülerzeitung gebeten hast, dass sie deiner Mutter keine Ruhe mehr ließ, bis sie ihr erzählt hat, was du machst. È una madre anche lei, no – sie ist eben auch eine Mutter, oder?«

»Eh sì – ed è proprio mia madre … Ja, und ausgerechnet meine«, antwortete ich.

»È una madre«, sagte er bestimmt und mit Tadel in der Stimme. Ich zuckte mit den Schultern. Natürlich hätte ich mich jetzt über sie ärgern können, aber der Fehler lag letztlich bei mir. Ich hätte ihr einfach nichts über die Ermittlungen sagen dürfen.

»Allora?«, fragte er nach einer Weile.

»Allora cosa?«, fragte ich zurück.

»Ich meine, stimmt es, dass du gegen sie ermittelst?«

»Zio, bitte entschuldige, aber das kann ich dir nicht sagen. Ich darf über meine Arbeit nicht sprechen, ich … ich muss … ich bin als Beamter zur Verschwiegenheit verpflichtet.«

»Verschwiegenheit …«

»Sì, zio, discrezione. Non posso parlare di queste cose con te.«

«Sì, sì, questo lo capisco. Ma si tratta di mio figlio. Ja, ja, das verstehe ich, aber es geht um meinen Sohn … Du kannst sicher sein, von mir erfährt *niemand* etwas, weder Ingrid noch deine Mutter, niemand«, versprach er und legte zum Siegel seiner Verschwiegenheit beide Zeigefinger gekreuzt auf seinen Mund und küsste sie.

»Zio, non posso. Ich kann nicht. Aber eines kann ich dir sagen. Du und Ingrid seid Eltern eines der Opfer, ihr könnt Akteneinsicht beantragen. Das ist ganz legal. Ich kann euch nicht versprechen, dass ihr die Akte gleich bekommt. Es wird sicher ein paar Wochen dauern, bis sie herausgegeben werden kann, aber ich weiß nicht, was dagegen spräche.«

»Akteneinsicht?«, wiederholte Arcangelo.

»Akteneinsicht, genau.«

»E come faccio?«

»Ein Anwalt, du musst einen Anwalt damit betrauen, der für euch Einsicht nimmt. Er darf die Akte kopieren und euch die Kopie geben. Das ist kein Problem.«

»Und in der Akte finde ich auch den Namen des Priesters?«, fragte er nach.

»Sicher. In der Akte findest du alles«, antwortete ich gedankenlos.

27

Zwei Tage später stand ich im Dienstzimmer des Direktors des Kollegs in St. Blasien und übergab ihm den Durchsuchungsbefehl. Ich war nicht allein, geistesgegenwärtig hatte ich unseren Archivar Schmiedinger am Vortag gebeten, mich zu dem Einsatz zu begleiten, und bei Meißner die Erlaubnis erhalten, ihn mitzunehmen. Ich hatte ihm noch nicht einmal sagen müssen, worum es dabei ging. Offenbar genoss ich in der Zwischenzeit sein vollständiges und uneingeschränktes Vertrauen. Wieso ich Schmiedinger mitnahm, ist schnell erklärt. Ich war beinahe sicher, im Kolleg so etwas wie ein Archiv zu finden, und hoffte, er würde dessen Systematik schneller durchschauen, als ich dies konnte, was die Suche sicher erleichterte. Schmiedinger wiederum war so dankbar, die Katakomben der Staatsanwaltschaft, die ich für sein Leben gehalten hatte, einmal verlassen zu dürfen, dass er während unserer ganzen Fahrt nach St. Blasien pausenlos plapperte und immer wieder betonte, wie spannend er das alles finde. Er schien sich zu fühlen wie ein Agent … 00 Schmiedinger, licence to archive.

Der Schulleiter war ein großer und hagerer Geistlicher mit einem eingefallenen und freudlosen Gesicht. Er überragte mich um eineinhalb Köpfe, seine Hände schienen so riesig, dass der auf DIN-A4-Papier ausgefertigte Durchsuchungsbefehl darin winzig anmutete. Er trug einen grauen Anzug und ein schwarzes Hemd mit Priesterkragen.

»Sie gestatten, dass ich das kurz durchlese?«, sagte er. Er schien sichtlich bemüht, die Nervosität zu überspielen, die ihn ergriffen hatte, als ich mich vorgestellt und ihm offenbart hatte, dass mir ein Durchsuchungsbefehl vorlag, der mich ermächtigte, Verwaltungsgebäude, Keller und Archive des Internats zu durchsuchen.

»Natürlich«, sagte ich meinerseits betont freundlich, um ihm keinesfalls Anlass zu geben, sich über mich oder mein Benehmen in irgendeiner Hinsicht zu beschweren. Immerhin hatte ich es mit der Kirche zu tun. Selbst wenn ich bei Meißner hoch im Kurs stand, wollte ich doch vermeiden, dass der Freiburger Erzbischof ihn oder den Justizminister anrief, um sich über mein Verhalten gegenüber einem wichtigen Exponenten des Jesuitenordens zu wundern. »Und Sie haben selbstverständlich das Recht, einen Anwalt anzurufen und ihn um Rat zu bitten, wenn Sie das wünschen«, legte ich nach. Sicher war sicher.

Der Schulleiter setzte eine Lesebrille auf und schien den Haftbefehl eingehend zu studieren. Seine Hände zitterten ein wenig. Als er zu der Textzeile kam, wo der Name des Paters, dem unsere Aufmerksamkeit galt, aufgeführt sein musste, nickte er, als habe er erwartet, diesen und keinen anderen Namen im Durchsuchungsbeschluss zu finden, und legte ihn vor sich auf den Tisch.

»Ich nehme an, diese Ausfertigung ist für mich bestimmt«, sagte er mit dem Blick auf das Papier und ohne eine Antwort zu erwarten, »ein Anwalt wird, glaube ich, nicht nötig sein. Ich kann mich an die Vorgänge erinnern, die Sie zu uns führen. Wenn Sie erlauben, lasse ich Ihnen die Personalakte des Priesters und die Akten über die damalige Untersuchung von meiner Sekretärin heraussuchen.«

»Gerne«, antwortete ich so höflich wie nur möglich, »das wäre sehr kooperativ von Ihnen und würde uns sehr viel Arbeit ersparen.«

Der Schulleiter drückte den Knopf einer altmodischen Gegensprechanlage, die vor ihm auf dem Schreibtisch stand, und bat »Fräulein Mayer«, wie die Sekretärin ganz offenbar hieß, zu sich.

Keine Minute später betrat eine kleine verhuschte Frau das Büro, die ebenso gut dreißig wie fünfzig Jahre alt sein konnte. Sie trug ihre hellbraunen Haare zu einem Dutt geflochten und hatte eine dicke Brille im Gesicht.

Eine braune Strickjacke, ein Faltenrock, dunkle wollene Strumpfhosen und flache Schuhe rundeten das Bild ab.

»Das ist unser Fräulein Mayer«, sagte der Schuldirektor, worauf sie uns mit einem Knicks begrüßte. »Fräulein Mayer ist so etwas wie die gute Seele unseres Hauses. Sie wird Ihnen die Unterlagen gleich bringen. Fräulein Mayer«, wandte er sich darauf an sie, »wie Sie ja wissen, sind die Herrschaften hier von der Staatsanwaltschaft. Würden Sie für uns wohl freundlicherweise die Personalakte Pater Florians und die Akten zur Untersuchung der Selbsttötung dieses armen Jungen heraussuchen, der sich damals erhängt hat?«

»Natürlich, Herr Direktor. Das mache ich sofort«, antwortete Fräulein Mayer, nickte beflissentlich und schickte sich an, den Auftrag sofort auszuführen.

»Verzeihung, einen Moment noch«, sagte ich halb an den Direktor, halb an Fräulein Mayer gerichtet. »Ich bin dankbar für Ihre Kooperation, muss aber darum bitten, dass unser Herr Schmiedinger Sie bei der Suche nach den Akten begleitet. Wir müssen sichergehen, dass uns die Unterlagen vollständig vorliegen. Herr Schmiedinger wird sich Ihr Archiv und Ihre Aktenführung erklären lassen. Er ist unser Spezialist in diesen Dingen. Bitte verstehen Sie dies nicht falsch; das ist kein Misstrauen unsererseits. Reine Routine …«

Ich hatte erwartet, dass sowohl Fräulein Mayer als auch der Direktor ein wenig unwillig auf diese Anordnung reagieren würden, aber weit gefehlt. Während der Direktor neutral blieb und Verständnis zeigte, erschien ein Lächeln auf Fräulein Mayers Gesicht. Ich glaube sogar, ihre Augen hinter den dicken Brillengläsern begannen zu leuchten.

»Aber natürlich, gern«, sagte sie mit dem gerade erblühten Lächeln an Schmiedinger gewandt. Der wiederum strich sich mit beiden Handflächen über seine graue Cordhose, vermutlich weil er fürchtete, sie könnten verschwitzt sein, und trat dann verlegen auf Fräulein Mayer zu.

»Ja, dann …«, sagte er und reichte ihr die Hand, die sie freudig ergriff.

»Dann …«, antwortete sie und zog ihn aus dem Büro, ohne ihn auch nur einen Moment loszulassen.

»Das wird sicher einen Moment dauern«, sagte der Direktor, »möchten Sie sich in der Zwischenzeit nicht setzen?«

»Gerne, für einen Moment«, antwortete ich mit einem Lächeln und nahm auf einem der beiden Besucherstühle Platz, die vor dem Schreibtisch standen. »Es tut mir leid, dass wir Ihnen solche Umstände machen, aber wenn Sie mir eine Frage erlauben: Waren Sie schon beim Tod dieses jungen Schülers hier an der Schule? Ich war überrascht, dass Sie sich an den Fall sofort erinnert haben.«

»Ja, ich war damals schon an der Schule«, antwortete er, ohne lange nachzudenken. »Seit ein oder zwei Jahren, wenn ich es richtig in Erinnerung habe. Ich war Junglehrer damals und unterrichtete Deutsch und Latein. Peter Frank war einer meiner Schüler … Wenn sich einer Ihrer Schüler das Leben nimmt, vergessen sie das nicht.«

»Ja, natürlich … Das kann ich verstehen. Und hatten Sie auch Kontakt mit Pater Florian?«

»Er war und ist ein älterer Kollege und Ordensbruder«, antwortete der Direktor ausweichend.

»Wussten Sie, dass er im Verdacht stand, sich Schülern zu nähern?«

Der Direktor antwortete nicht. Ich meinte ein eigentümliches Zucken um seinen Mundwinkel herum zu sehen, war mir aber damals nicht sicher und bin es auch heute nicht.

»Ist das jetzt ein Verhör?«, fragte er vorsichtig.

»Nein, das ist es nicht. Das ist nur ein Gespräch. Sie müssen mir nicht antworten«, sagte ich beruhigend.

Der Direktor nickte und dachte nach.

»Wenn Sie mich fragen, ob ich es *wusste*, dann lautet die Antwort Nein«, sagte er nach einer ganzen Weile. Offenbar fiel ihm dieses Gespräch nicht mehr ganz so leicht wie zuvor. »Ich habe selbst nie gesehen, dass er sich einem Schüler genähert hätte oder sich ihnen gegenüber unangemessen benahm. Bei mir hat sich auch nie ein Schüler gemeldet, der sich über Pater Florian beschwerte. Wenn Sie mich aber fragen, ob es Gerüchte gab und ob ich davon *gehört* habe ... Ja, Gerüchte gab es, und ich habe davon gehört.«

»Was waren das für Gerüchte?«, fragte ich nach.

»Oh, alles Mögliche. Anspielungen, Witze, Kinderreime ... Sie wissen sicher, wie so etwas ist.«

»Und was haben Sie darauf getan?«

»Wann getan?«

»Als Ihnen diese Gerüchte zu Ohren kamen, meine ich.«

»Getan? Natürlich nichts. Ich hatte und habe nicht den geringsten Anlass zu glauben, dass sich Pater Florian irgendetwas vorzuwerfen hat. Außerdem war ich damals Junglehrer. Ich musste mich erst noch bewähren. Ich habe mich nicht dazu berufen gefühlt, irgendetwas zu tun, im Gegenteil. Dafür gibt es die Schulleitung. Die ist hierfür zuständig und hat sich nach dem bedauerlichen Tod des Jungen auch angemessen mit der Angelegenheit befasst.«

»Sie kennen die Akten?«

»Ja, das tue ich. Der damalige Schulleiter hat mich ins Vertrauen gezogen, ich habe die Untersuchungen als Protokollant begleitet.«

»Und?«

»Ich verstehe nicht.«

»Ich meine, zu welchem Ergebnis führten die Untersuchungen?«, wollte ich wissen.

»Zu dem erwarteten Ergebnis. Es war nichts dran an den Gerüchten. Pater Florian hat sich dem einen oder anderen Schüler in väterlicher Zuneigung zugewandt, vor allem denjenigen, denen es hier an unserer Schule nicht so leichtfiel, aber das war nichts anderes als der Versuch, zu helfen und den Kindern beizustehen. Keusch, wie ich betonen will, keusch. Sie werden das sehen. Wir haben sehr gründlich recherchiert.«

»Ich bin sicher, das haben Sie.«

28

Jeder hatte ihn gehört. Der Vers von den Vorlieben Pater Florians machte die Runde, die Buben skandierten ihn in den Schlafsälen und Umkleiden, die Lehrer wiederholten ihn hinterrücks, die Spatzen pfiffen ihn von den Dächern. Man hatte etwas gehört und man hatte etwas gesehen, immer wieder: wie er die Jungs streichelte, die ihm anvertraut waren, und sie dabei so ansah, mit einem verzückten Lächeln im Gesicht. Wie er sich zusammen mit den Ministranten in der Sakristei umzog und sie dazu anhielt, unter ihren hellen Gewändern keine Hosen zu tragen, weil das würdiger aussehe. Wie er ihnen einen Klaps auf den Hintern gab oder im Sommer mit den Schülern Ausflüge unternahm und mit ihnen in einem nahe gelegenen Weiher badete, nackt, weil das doch viel schöner war und freier, in Gottes Natur. Wie er sie in sein Zimmer einlud und ihnen erlaubte, mit ihm Wein und Bier zu trinken, ja sogar, wie einer der Jungen bei ihm im Bett übernachtete. Jeder hatte, wenn auch nicht gesehen, so doch davon erfahren, weil das Bett des Kindes im Schlafsaal über Nacht leer geblieben war und der Bub morgens aus dem Zimmer des Paters kam. Gesehen hatte man viel, mehr noch darüber geredet und seine Witze gemacht. Pater Florian erreichte das nicht, er sah lächelnd darüber hinweg und ebenso hielten es seine Mitbrüder.

Und die Jungs, denen er sich annahm? Wehe ihnen! Sie traf der ganze Spott ihrer lieben Kameraden, und wenn sie Pech hatten, der der Lehrer noch dazu. Sie waren die Schwuliberts, die warmen Brüder, die Weicheier, die Perversen, die Hinterlader, die Schwanzlutscher, die Invertierten, die Schwächlinge, die Schutz unter der Soutane suchten wie früher unter den Röcken ihrer Mütter. Sie traf der Spott und der ganze Zorn der Jungs auf dieses Dunkle in den eigenen Körpern, vor dem sie sich fürchteten, und sie duckten sich darunter wie unter Schlägen …

Aber keiner war in den ganzen Jahren je auf die Idee gekommen, irgendetwas zu unternehmen, bis der kleine Peter, der seit wenigen Wochen Ministrant bei Pater Florian war und sofort zur Zielscheibe aller Bosheiten seiner Kameraden wurde, in den Strick sprang. Erst da war einer so mutig vorzusprechen, ein Novize im Orden und erst seit einem Jahr an der Schule, und dem Direktor zu berichten, was man so erzählte und gesehen hatte und wie die Knaben verspottet wurden, denen Pater Florian sich annahm. Was der aber wohl schon wusste, weil er zwar Direktor, aber doch weder taub noch blind war. Und der Direktor fragte den Novizen, ob er ernsthaft annehme, dass sich hinter dieser Zuwendung des Paters etwas anderes verbergen könnte als die Zuneigung eines Christenmenschen zu Gottes Geschöpf. Der Novize senkte den Kopf und den Blick und nahm all seinen Mut zusammen und sagte: »Ja.«

»Ja, sagen Sie?«, fragte der Direktor erschrocken nach, denn er wusste, was dieses Ja bedeutete, wusste, dass er von jetzt an nicht mehr hinwegsehen konnte über das Tätscheln und hinweghören über die Gerüchte oder darüber hinweglachen, wenn die Kollegen eine Anspielung machten und man sich dabei auf die Schenkel klopfte. Und weil der Novize noch einmal »Ja« sagte, die Antwort also auf seine ausdrückliche Rückfrage wiederholte, wenn auch leise und mit gesenktem Kopf, begann der Direktor eine Untersuchung und befragte die Knaben, die den Vers in den Schlafsälen und Umkleidekabinen skandierten, fragte die Kollegen, die etwas gesehen hatten, und die Ministranten, denen Pater Florian so zärtlich über den Kopf streichelte; obwohl, Ministranten war zu viel gesagt, denn jetzt, da Peter den Strick genommen hatte, war es eigentlich nur noch einer, den er befragen konnte. Er hätte noch die Spatzen auf den Dächern befragt, wenn er ihrer habhaft geworden und wie der heilige Franziskus in der Lage gewesen wäre, mit ihnen zu sprechen ... Und er schärfte allen ein, wie wichtig es sei, dass sie die Wahrheit sagten, und es für Schüler und Lehrer ernste Strafen gäbe, sofern einer eine falsche Anschuldigung machte, denn es steht bekanntlich geschrieben, dass man nicht falsches Zeugnis ablegen solle wider seinen Nächsten ... Und unter dem strengen Verhör des Direktors, sorgfältig, ja skrupulös protokolliert von einem Junglehrer, der sein absolutes Vertrauen genoss und später selbst Schulleiter werden sollte, erwiesen sich alle Verdächtigungen und Vermutungen, alle Gerüchte und Mutmaßungen zu seiner offensichtlichen Beruhigung als völlig haltlos und leer.

Ja, sagten die Schüler, den Vers, den gab es, sie hatten ihn von den Älteren gehört und vielleicht aus Dummheit, vielleicht aus Übermut einmal in der Umkleide mitgesprochen, wenn die anderen damit angefangen hatten, aber dass Pater Florian je ... nein, das hatten sie nicht gemeint und auch nicht gesehen und glaubten sie auch nicht, auf keinen Fall. Und ja, sagten die Lehrer, wir haben gesehen, wie der Pater, Mitbruder und Kollege, dem ein oder anderen Knaben über den Kopf streichelte oder ihn tätschelte, aber sie waren sich spontan und unisono einig, dass sich hinter diesen Gesten nichts anderes verbarg als die fürsorgliche Zuwendung des Lehrers zu seinen Schützlingen, rein und züchtig im wahrsten Sinne, und nie waren sie auf die Idee gekommen, dass sich … Nein, wer konnte so etwas auch nur denken? Dem Reinen sei alles rein, dem Unreinen dagegen alles verdächtig, und mochte die Unschuld der Gesten noch so offenbar sein. Sind wir denn wirklich schon so weit, dass jedes Zeichen der Zuneigung gleich missdeutet wird, sogar die von einem Pater? Ist es nicht Aufgabe des Erziehers, den verwirrten Kindern auch Trost zu spenden wie der Hirte den Lämmern? Und wenn er den Jungen väterlich zugetan war, war das etwa eine Sünde? Hatte nicht Jesus selbst im jungen Johannes einen Lieblingsjünger? Und kann ein Priester mit seinen Schützlingen nicht auch einmal nackt in einem Weiher baden – ganz in Unschuld?

Und was sagte der eine Ministrant, der verblieben war, der hübsch war, obwohl ihm die Pubertät zusetzte, hübsch und gefährdet, der nicht eheliche Sohn einer gefallenen Mutter, dem die väterliche Hand fehlte und dem Pater Florians Aufmerksamkeit ganz besonders galt? Nichts sagte er, nichts. Er sah zu Boden, schluchzte, als man Peters Namen erwähnte, und beteuerte, dass an diesen ganzen Gerüchten nicht das Geringste, aber auch nicht das Allergeringste dran sei. Er sei … Er sei schließlich nicht so einer, was man denn von ihm glaube? Aber nein, beteuerte der Schulleiter, man glaube gar nichts, man habe da nur einen Hinweis bekommen, dem er nun einmal nachgehen müsse, wenn sich auch immer deutlicher zeige, dass nichts dran sei an dem Gerücht und wie gefährlich es sein könne, wenn man allem Glauben schenke, was die Jungs so erzählen zwischen den Umkleiden und den Schlafsälen. Fahrlässig geradezu, ja, fahrlässig.

»Und kann ich dann gehen?«, fragte Vittorio und zog die Nase hoch.

»Und ja, natürlich, mein Junge«, antwortete der Direktor und tätschelte dem Knaben den Kopf. Er hatte es ja ohnehin schwer genug hier, man musste ihm das Leben nicht noch schwerer machen.

Man befragte auch Pater Florian selbst, aber das war nur noch Formsache, denn selbstverständlich entschuldigte man sich gleich für die Unannehmlichkeiten und die Untersuchung und überhaupt für den ganzen Verdacht, der da von einem übereifrigen Novizen aufgebracht worden war, und Pater Florian bekannte freimütig, dass er sich der Knaben in Liebe annahm, in frommer Liebe, wohlgemerkt, in der Liebe des Vaters zu seinem Sohn, die eben manchmal streng, manchmal aber auch zart sein müsse, denn den armen Jungs fehle ein bisschen die Fürsorge in der schweren Zeit, die sie da durchmachten, weit weg von zu Hause und mitten in dieser Pubertät, wo sie nicht wüssten nicht aus und nicht ein …

Der Direktor war sehr zufrieden mit der Aussage und bat den Pater, ihn nicht misszuverstehen, wenn er noch den Wunsch an ihn richte – nicht weil er ihm misstraue, sondern umgekehrt, weil er ihm aufs Ganze vertraue –, dass er in Zukunft und bis auf Weiteres ein wenig mehr Distanz halten möge zu den ihm anvertrauten Knaben und ihnen vielleicht nicht mehr über den Kopf streichle und nicht mehr nackt mit ihnen baden gehe und sie nicht mehr in seinem Bett übernachten lasse, auch wenn ihn die verwirrte Seele darum bitte. Und Pater Florian versprach, diesen Wunsch des Direktors selbstverständlich zu respektieren und diesem zu entsprechen, wenn es ihm auch leidtue um die armen Jungs, aber der Direktor habe doch und wie überhaupt immer recht, denn man müsse diesen Gerüchten schon begegnen, das sehe er vollkommen ein. Der Mensch sei nun einmal so, dass er selten an das Beste in seinem Nächsten glaube, dem müsse man Rechnung tragen, auch als ein Pater.

Ich sah es förmlich vor mir, wie der Direktor dem Pater erleichtert die Hand schüttelte. Und als dann alle vernommen und ihre Aussagen protokolliert worden waren, da bat der Direktor den Novizen noch einmal zu sich. Bot ihm keinen Platz, ließ ihn stehen vor seinem Schreibtisch und konfrontierte ihn mit den Ergebnissen der Untersuchung, konfrontierte ihn damit, dass nichts dran war an diesem Verdacht, den der Novize so überaus leichtfertig geäußert hatte – und das auch noch gegen einen Bruder in Christo –, bevor er ihm nahelegte, seine Berufung noch einmal zu überdenken. Im Orden des heiligen Ignatius sehe er den Novizen, der einen Mitbruder verdächtige, jedenfalls nicht, und er stehe ihm nicht im Wege, wenn er sich entschließe, die Gemeinschaft wieder zu verlassen. Und mit dieser Empfehlung hatte der Schulleiter wieder recht, nicht nur weil der Novize dann bald seinen Abschied vom Orden nahm, sondern vor allem, weil er auch noch halsstarrig und unbelehrbar an seinem Verdacht festhielt und in Anmaßung und Trotz zum Abschied nicht etwa um Verzeihung bat, sondern stattdessen sagte: »Ich weiß, was ich weiß …«, und das noch nicht einmal auf Griechisch. Da sieht man, wohin der Hochmut den Menschen doch führt!

Allerdings – ein Gutes hatte die Untersuchung dann doch, dass nämlich nie wieder irgendjemand etwas Schlechtes über Pater Florian sagte.

29

Ich legte die Akten zur Seite und starrte vor mich hin. Es war Nacht geworden über meiner Lektüre. Ich schloss die Augen, um ihnen und meiner Seele Erholung zu gönnen. Dabei sah ich Vittò vor mir, wie er von dem Direktor vernommen wurde und vor Scham errötete, während der ihn fragte, ob Pater Florian …

»Was?«

»Du weißt schon, mein Junge … Ob er dich angefasst hat, wie man es nicht tun sollte?«

Das also war die Untersuchung, die der Pfarrer von Sindelfingen als junger Mann in Gang gebracht hatte und die Grund dafür war, dass er den Orden verlassen musste und schließlich Pfarrer wurde. Mutig war er gewesen damals, mutiger als heute vielleicht. Er hatte es sich nicht so einfach gemacht wie der Junglehrer, der später Direktor wurde, und meinte, ihn gehe das alles nichts an; er sei doch gerade erst an die Schule gekommen und habe sich erst einmal bewähren müssen. Mutiger, ja. Hatte sogar noch festgehalten an seinem Verdacht, obwohl ihm niemand beigesprungen war und sie ihn allein gelassen haben mit seinem Verdacht und seiner Sorge um die Kinder. Es fiel mir schwer zu glauben, dass es sich hier um denselben Mann handeln sollte, den ich kennengelernt hatte.

Wie spät war es jetzt wohl? Ich sah auf die Uhr. Zehn Uhr vorbei. Sicher war ich der Einzige, der noch im Büro war. Ich ging auf den Gang hinaus – alles dunkel. Die Kollegen waren nach Hause gegangen, natürlich. Sie hatten Familien, Kinder, Partner, sie hatten – im Gegensatz zu mir – ein Leben … Sie konnten sich schließlich nicht nur um die Verbrecher dieser Welt kümmern. Ohnehin – die Deutschen kommen früh zur Arbeit und gehen früh. Im Gegensatz zu dem, was alle Welt über sie zu wissen meint, arbeiten sie nicht mehr und nicht länger als andere Völker. Effektiver dagegen manchmal schon, weil die Abläufe einfach sind, weil die Räder ineinandergreifen und sich die Menschen im Wesentlichen vertrauen.

Ich warf einen letzten Blick auf die Ordner, die Schmiedinger und die Schulsekretärin herausgesucht hatten, beschloss dann aber, es für heute gut sein zu lassen. Ich zog meinen Mantel an, löschte das Licht und verließ die Staatsanwaltschaft über den Hinterausgang.

An sich wollte ich mich auf den Heimweg machen, kaum aber stand ich auf der Straße, beschloss ich, noch ein Glas Wein zu trinken, und wandte meine Schritte in Richtung Innenstadt. Mein Kopf war viel zu erhitzt, als dass ich zu Hause hätte Ruhe finden können. Meine Gedanken und Gefühle waren noch bei den Bildern und Ereignissen des Tages; sie würden mich so schnell nicht verlassen.

Kurz entschlossen ging ich in die Osteria, ein damals sehr beliebtes Weinlokal in Freiburg. Ich kannte den Wirt und mochte ihn. Er war ein wortkarger Italiener aus dem Piemont, der einen einfachen und etwas rauen Nebbiolo aus großen Korbflaschen ausschenkte, die auf dem Tresen standen. Zwar pflegte auch er die Unart, seinen Angestellten falsche Namen zu geben – ich fürchte sogar, er war derjenige, der in Freiburg damit angefangen hat –, aber Menschen sowie Motten fängt nun einmal der Schein.

Das Lokal war – wie meist – gut besucht und ich freute mich, ein paar Menschen um mich zu haben. Ich stellte mich an den Tresen, ließ mir ein Viertele Nebbiolo, etwas Wasser, Brot und Schinken bringen und sann dem Tag nach, der hinter mir lag.

Schmiedinger und die Sekretärin hatten höchstens eine Stunde gebraucht, um die gesamten Akten zu finden. Nach meinem Gespräch mit dem Direktor durchsuchte ich in der Zeit mit zwei Beamten aus Waldshut Pater Florians Zimmer, das sie dort oben »Zelle« nannten. Er selbst war an diesem Tag mit seinen Schülern bei einer Exkursion, was mir recht war, denn ich wollte mich erst dann mit ihm auseinandersetzen, wenn ich etwas Verwertbares gegen ihn in der Hand hatte. Die Durchsuchung der Zelle war allerdings nicht so ergiebig, wie ich erhofft hatte. Bei den meisten Pädophilen, die in unser Fadenkreuz gerieten, fand man starke Hinweise auf ihre Veranlagung, Pornografie, Filme, Bücher, Zeitschriften. In irgendeinem Versteck lagen sie, die glänzenden Heftchen mit den kleinen Jungs und den Mädchen, meist irgendwo griffbereit in der Nähe des Bettes, um die Fantasie anzuregen, wenn man vor dem Einschlafen noch etwas Entspannung suchte. Bei Pater Florian fanden wir dergleichen nicht. Es gab ein paar Schwarz-Weiß-Fotos seiner Schüler, die er offenbar beim gemeinsamen Nacktbaden am See aufgenommen hatte, und es bestanden für mich keine Zweifel, dass ihm die Jungs gefielen, die sie zeigten, aber die Bilder waren ersichtlich alt, und weder Vittò noch der kleine rothaarige Peter waren darauf abgebildet. Neuere Fotos waren nicht darunter, noch nicht einmal Farbbilder. Es gab zwei oder drei Einkaufskataloge, die ganz ersichtlich häufiger bei den Seiten aufgeschlagen worden waren, die kleine Jungs in Unterwäsche zeigten, und einen Katalog für FKK-Urlaube in Jugoslawien, in dem nackte Kinder am Strand zu sehen waren. Solche Broschüren sind bei Pädophilen sehr gefragt, gewiss beliebter als FKK-Urlaube in Jugoslawien selbst, nutzen sie doch die Grauzonen zwischen offensichtlicher Aktfotografie von Kindern und der Darstellung von Urlaubsidyllen in Freikörperkultur und halten sich so meist geschickt unter dem Radar des Jugendschutzes. Daher ist ihr Besitz nicht strafbar, wenn auch jeder halbwegs erfahrene Beamte weiß, was gespielt wird, wenn er solche Heftchen bei einer Durchsuchung findet. Es bestand daher für mich gar kein Zweifel, dass unser Pater Florian pädophil war, aber das allein ist kein Verbrechen. Ihre bloße Veranlagung kann man Pädophilen nicht zum Vorwurf machen. Dass sie als Lehrer, Erzieher und Seelsorger gezielt die Nähe von Kindern suchen, die sie sexuell anziehen, dagegen sehr wohl. Ich beschlagnahmte die FKK-Broschüre und die wenigen alten Nacktfotos, die der Pater besaß. Die Einkaufskataloge ließ ich ihm, zu harmlos war ihr Besitz. Das war die gesamte Ausbeute. Ich war enttäuscht, denn ich hatte mir mehr versprochen.

Als ich wieder im Büro des Rektors war, kamen gerade auch Schmiedinger und die Sekretärin aus dem Keller und brachten zwei Umzugskisten voller Akten mit. Man hörte sie von Weitem lachen. Offenbar hatten sie sich bei ihrer kurzen gemeinsamen Suche das Du angeboten; als sie dann beim Schuldirektor eintraten und die Ordner vor ihn auf den Schreibtisch stellten, bemühten sie sich zwar, wieder möglichst ernst zu sein, aber es gelang beiden nicht. Es wunderte mich auch nicht, dass Schmiedinger im Auto auf dem Weg zurück nur versonnen vor sich hin lächelte. Ich glaube, so fröhlich war er noch nicht einmal an den drei oder vier Tagen gewesen, während derer er mit Margarethe die verlorene Akte Stein suchte.

»War nett, diese Sekretärin, nicht?«, fragte ich, um ein bisschen zu sticheln.

»Oh ja … sehr«, gab er versonnen zurück.

Wie ich es erwartet hatte, war die Osteria voll, und Giorgio, der in Wirklichkeit Sven hieß, und Roberto, der an sich Holländer war, hatten alle Hände voll zu tun. »Ciao, come stai? Was darf ich euch bringen?«, begrüßte Roberto die Gäste, die sich von ihm gerne umgarnen ließen. Sie schienen es zu mögen, wenn sie sich für einen Moment des Tages in ein anderes Land versetzt fühlten. Von italienischen Wirten wusste ich, dass ihre deutschen Gäste beinahe darauf bestanden, auf Italienisch angesprochen zu werden. Grüßte man sie in der Sprache Goethes, fühlten sie sich zurückgesetzt.

»Kommunion … Exkommunikation … Beichte.« Ich musste neben eine Gruppe von Theologiestudenten geraten sein, zwischen denen plötzlich eine leidenschaftliche Diskussion über eine zeitgemäße Deutung der Sakramente entflammte, wie man sie wohl in theologischen Seminaren führt. Ich schmunzelte, denn ich fühlte mich an die ebenso hitzigen Diskussionen über Naturrecht und Positivismus erinnert, wie sie zu meiner Studentenzeit in den Seminaren der juristischen Fakultät üblich waren, und verfolgte ihr Gespräch ein wenig. Nicht, dass ich gelauscht hätte; die Studenten sprachen einfach laut, oder vielleicht lauschte ich doch ein wenig. Ihre intellektuelle Leidenschaft jedenfalls tat mir gut; ich beneidete sie um ihren Eifer und ihren wissenschaftlichen Elan. Und plötzlich sagte einer etwas, das allem eine neue Wendung gab. Es war an sich nur eine Kleinigkeit und für die Studenten neben mir ohne Zweifel eine bloße Selbstverständlichkeit, aber ich drehte mich unwillkürlich zu ihm und sah ihn erstaunt an. Es war ein groß gewachsener, kräftiger junger Mann mit braunen halb langen Haaren und einem wilden Bart. Von seiner Statur her konnte ich ihn mir besser als Holzfäller denn als einen angehenden Pfarrer vorstellen. Seine Gemeinde würde ihn lieben.

»Oh, sind wir zu laut?«, fragte er freundlich. »Wir wollten Sie nicht stören.«

»Aber nein, gar nicht«, antwortete ich ehrlich. »Ich war nur gerade erstaunt über das, was Sie gesagt haben. Tut mir leid, dass ich zugehört habe. Ich wollte nicht indiskret sein.« Dann nahm ich mein Glas und prostete meinem Tresennachbarn zu. Der lachte und prostete zurück. Um die jungen Leute nicht weiter zu stören, wandte ich mich wieder in die andere Richtung, leerte mein Glas, ließ mir von Giorgio noch einen Espresso machen und einen Grappa einschenken und ging schließlich nach Hause, wo mich das rote Blinken des Anrufbeantworters erwartete. Antonella hatte einen kleinen Gruß hinterlassen. Es schien doch, als ob ich ihr nicht ganz gleichgültig war …

30

Am nächsten Sonntag fuhr ich wieder nach Sindelfingen. Die Fahrt hatte etwas länger gedauert als erwartet, daher kam ich nicht mehr rechtzeitig zur Messe, aber ich war mir sehr sicher, dass er bald nach Hause kommen würde, und setzte mich auf die Bank, die in seinem Garten stand. Das Wetter war die letzten Tage besser geworden, eine freundliche Aprilsonne schien mir ins Gesicht, und ich hoffte, vielleicht etwas Farbe zu bekommen, während ich so wartete.

Bald hörte ich seine Schritte, ich erkannte sie sofort. Auch er war ein kräftiger Mann, kein Holzfäller wie der nette Theologiestudent, aber groß und schwer. Trotzdem war sein Gang ebenso verhalten wie sein Wesen, als ob das in Keuschheit gezwungene Leben, das er führen musste oder zumindest sollte, den ganzen Körper lähmte. Ich sah auf, als er das Gartentörchen öffnete und ersichtlich darüber erschrak, jemanden in seinem Garten zu finden.

»Herr Tedeschi«, sagte er, als er mich erkannte, »ich hatte nicht erwartet, Sie so schnell wiederzusehen.«

»Wirklich?«, antwortete ich sarkastisch. »Ich dachte, Sie würden sich über meine Besuche freuen, mein lieber Herr Pfarrer – bin ich nicht auch ein verirrtes Schaf, das Sie wieder auf den rechten Weg bringen könnten?«

»Oh, sicher, das sind Sie. Aber Sie machen mir nicht den Eindruck eines Menschen, der auf den Weg geführt werden will«, antwortete der Pfarrer kühl.

»Sie haben recht«, gab ich zurück. »Vor allem bin ich kein Schaf und möchte auch nicht an der Nase herumgeführt werden.«

»Wie kommen Sie auf diese Bemerkung?«, fragte er irritiert und sah mich mit großen Augen an. »Ich wüsste nicht, dass ich Ihnen Anlass gegeben hätte …«

Ich ließ einen Augenblick vergehen, ehe ich antwortete. Es war nicht klug, Verhöre aggressiv zu beginnen. Das führte nur dazu, dass das Gegenüber sich verschloss. Daher hätte ich diesen Pfarrer jetzt anlächeln und mich bei ihm entschuldigen sollen, aber ich tat es nicht. Das brachte ich nicht über mich.

»Lassen Sie uns doch hineingehen, Herr Pfarrer«, sagte ich stattdessen, worauf sein Gesicht sich verfinsterte.

Wortlos führte er mich wieder in das Esszimmer, in dem wir uns bei unserem letzten Treffen unterhalten hatten. Hatten mich die nackten Wände bei unserem ersten Gespräch erstaunt, schienen sie mir diesmal beinahe selbstverständlich und wie seine verhaltenen und kontrollierten Gesten nur weiterer Ausdruck der Zwänge, denen sich dieser Mann unterwarf.

»Wenn Sie sich setzen wollen?«, sagte er kühl und zeigte auf einen seiner Stühle.

»Oh, danke«, antwortete ich meinerseits ebenso kühl, »ich stehe lieber, aber setzen Sie sich doch.«

Es war ihm nicht wohl dabei, aber er nahm tatsächlich Platz. Er war Pfarrer und gewohnt, in Hierarchien zu denken. Dass hier ein Staatsanwalt vor ihm stand und mit ihm sprechen wollte, konnte ihm nicht gleichgültig sein.

»Sie haben mich belogen«, sagte ich geradeheraus.

»Ich muss schon bitten. Was erlauben Sie sich?«, fragte er, aber die Empörung, mit der diese Sätze ausgesprochen wurden, war gespielt.

Ich lächelte. »Sehen Sie, Herr Pfarrer, ich war in St. Blasien und habe die Akten beschlagnahmt, in denen die Untersuchungen über den Tod dieses armen Peter Frank zusammengefasst sind …«

»Ja?«

»Ja. Es gab da eine sehr, wirklich sehr ausführliche Untersuchung. Es wurden Dutzende von Lehrern und Schülern befragt. Die Gespräche scheinen zum Teil stundenlang gedauert zu haben und alles wurde fein säuberlich protokolliert …« Ich legte eine Pause ein und sah ihn an.

»Und was kam dabei heraus?«

»Das wissen Sie doch ganz genau. Es kam nichts dabei heraus, rein gar nichts. Und wissen Sie auch warum? Weil niemand etwas gesagt hat. Die waren alle so verschreckt von dieser Untersuchung und den Warnungen des Direktors, die sie begleiteten, dass niemand irgendetwas gesehen haben *wollte*. Niemand. Und wer etwas gesehen hatte, ein Tätscheln, eine Berührung, eine Umarmung, der beeilte sich zu versichern, dass da offensichtlich nichts anderes dahinterstand als Fürsorge, als die keusche Zuwendung eines Pädagogen zu seinen Schülern. Und natürlich, beinahe jeder hatte irgendetwas gehört, betonte aber sofort, dass es sich nur um Gerüchte handelte, denen er nie, aber auch gar nie Glauben geschenkt hatte. Der ein oder andere gab noch zu, vielleicht einmal einen Scherz über Pater Florian gerissen zu haben, wofür er sich dann förmlich entschuldigte, aber das war es dann. Punkt, aus, Ende, finito. Vielmehr … Das war es dann fast. Denn es gab da diesen *einen* Novizen, der die ganze Untersuchung angestoßen hatte und von seinem Verdacht gegen den Pater auch dann nicht abließ, als diese ganze Befragung sich als ein riesiger Schlag ins Wasser erwies …« Wieder legte ich eine Pause ein. Sie mag ein wenig theatralisch gewesen sein, aber ich musste ihm einfach ins Gesicht sehen. Ich musste wissen, ob meine Worte etwas in ihm auslösten. »Am Anfang dachte ich, dieser Novize ist ein wirklich mutiger Kerl. Der hat offene Augen, kann eins und eins zusammenzählen und steht zu seiner Meinung. Für einen Moment habe ich Sie da bewundert. Aber dann kam mir ein ganz anderer Gedanke. Ich fragte mich, wieso denn dieser Novize anders sein sollte als die anderen, die alle nichts wussten und nichts gesehen hatten und nichts gehört außer ein paar dummen Gerüchten. Und ja, dachte ich mir, vielleicht ist er ja gar nicht so anders als die, und er verschweigt etwas. Nicht wahr? Wieso hätte denn ein Novize so eine Untersuchung anstoßen sollen, wenn er nicht mehr gesehen hätte als ein harmloses Tätscheln oder mehr gehört als ein Gerücht? Und nicht nur das. Er bleibt auch noch mannhaft bei seinem Verdacht, als die ganze Untersuchung in sich zusammenfällt. Hier stehe ich, ich kann nicht anders? Ein bisschen wie Luther, nicht? Auch wenn der zur Konkurrenz gehört … Und dann dachte ich, nein, der Novize, der wusste mehr, zum Beispiel weil es ihm anvertraut worden ist, heimlich, unter dem Siegel der Verschwiegenheit, nicht?«

Er sah mich gebannt an, antwortete aber nicht.

»Nicht?!«, herrschte ich ihn an.

»Aber ich sagte Ihnen doch schon …«, begann er zögerlich.

»Was? Ach, das Beichtgeheimnis. Ja, ich kann mich erinnern. Darüber haben wir schon gesprochen … Das Beichtgeheimnis ist eine wichtige Sache, ein Sakrament, wie ich neulich erfahren habe, und übrigens auch von der staatlichen Rechtsordnung geschützt, nicht?«

Er nickte. Etwas bleich wirkte er, die Augen hielt er gebannt offen, aber er nickte, als schien er sich wieder zu beruhigen. Ich trat nah an ihn heran und beugte mich zu ihm herunter, sodass ihm die körperliche Nähe zwischen uns unangenehm sein musste.

»Nur dass Sie, verdammt noch eins, als Novize keine Beichte abnehmen können!«, sagte ich ihm direkt ins Gesicht.

Am Nachmittag ging ich noch einmal auf den Friedhof und an Vittòs Grab. Ich war froh, dass Frau Schreiber nicht dort war, und hielt Zwiesprache mit meinem toten Freund. Zu spät, natürlich. Der Tod markiert den Zeitpunkt, ab dem alles zu spät ist, alles ist nur bis zum letzten Atemzug möglich. Hierin liegt vielleicht seine größte Tragödie.

Auf dem Weg zurück entschloss ich mich dann, kurz bei meinen Eltern vorbeizusehen. Sie waren völlig überrascht, als ich vor der Tür stand. Beide umarmten und küssten mich wie den verlorenen, aber gerade zurückgekehrten Sohn, der ich ja vielleicht auch war. Natürlich musste ich zum Abendessen bleiben, ein kleines Menü aus Pasta und Gemüse, das meine Mutter mit ungeheurer Geschwindigkeit auf den Tisch zauberte, als hätte sie mich erwartet. Mein Vater schenkte mir dann so lange nach, dass an ein gefahrloses Heimkommen nicht mehr zu denken war und ich einwilligte, bei ihnen zu übernachten, um morgen früh nach Freiburg zu fahren.

Wir sprachen über Gott und die Welt und natürlich fragten sie mich, was ich denn ausgerechnet an einem Sonntag in Sindelfingen gemacht habe.

»Oh, ich musste nur mit dem Pfarrer reden«, antwortete ich ehrlich und in der Hoffnung, dass sie nicht allzu sehr nachhaken würden.

»Ein guter Pfarrer«, sagte meine Mutter und sah meinen Vater bedeutungsvoll an.

»Sehr«, pflichtete der ihr bei, obwohl ich sicher war, dass er weder vor noch nach Vittòs Beerdigung je einen Fuß in die Kirche gesetzt hatte. »Und ein guter Redner. Die Kinder all unserer Freunde lassen sich bei ihm trauen«, ergänzte er noch. Augenscheinlich vermuteten sie hinter meinem Besuch einen anderen Grund … Ich lächelte und ließ sie in ihrem Glauben.

Wir aßen viel, sprachen viel und lachten viel. Es war merkwürdig, aber an dem Abend sah ich die beiden zum ersten Mal weniger als meine Eltern, denen ich vielleicht etwas beweisen oder derer ich mich erwehren musste, denn als alte Freunde, bei denen ich sein konnte, wie ich war. Nur einmal trübte ein Satz die Stimmung. Das Mahl war beendet, wir tranken Espresso, mein Vater schenkte mir seinen besten Grappa ein, als er meinte, ich solle mir wegen Arcangelo und der Adresse des Paters keine Sorgen machen.

»Wie meinst du das? Keine Sorgen?«

»Na, keine Sorgen eben«, wiederholte er, als wäre das die klarste Sache der Welt und nur ich verstünde sie nicht. Dann prostete er mir zu und trank seinen Grappa in einem Zug.

31

Er war ein kluger Junge aus einer gläubigen Familie. Die Frage, ob es einen Gott gibt, stellte sich für ihn ebenso wenig wie die, ob er Eltern hatte oder ein Haus, in dem er lebte, oder Luft zum Atmen. Als er während seiner Gymnasialzeit feststellte, dass einige seiner Klassenkameraden – und ausgerechnet die Wortführer – dies anders sahen, machte ihn das im ersten Augenblick sprachlos und im zweiten entschlossen, seinen Glauben zu verteidigen. Dass er ihnen in den folgenden endlosen Diskussionen über Glaube und Atheismus wenig entgegenzusetzen wusste, wenn sie sich großspurig auf Kant oder Sartre beriefen, ärgerte ihn, schlimmer noch aber war, dass die offenbar überforderte Religionslehrerin ebenso ohne Argumente war wie er. Er konnte nicht glauben, dass seine Kirche nie versucht haben sollte, sich auf Augenhöhe mit diesem Denken auseinanderzusetzen. Es schien ihm ein Verrat an seinem Herrgott zu sein, nicht auch das Feld der Philosophie oder der Wissenschaft für den Glauben zu verteidigen, und wie glücklich war er, als er in Ignatius von Loyola einen Heiligen fand, der das offenbar genauso sah. Ihm widmete er seine ersten kleinen Studien, über ihn hielt er im Religionsunterricht ein langes Referat, welches ihm so gelang, dass selbst der Großmäuligste seiner Gegner ihm Respekt bekundete. Als sein Deutschlehrer ihn nach dem mit einer Eins bestandenen Abitur fragte, was er denn nun werden möchte, war niemand darüber erstaunt, als er antwortete, er werde Geistlicher, vielleicht sogar in einen Orden eintreten. Während seine Klassenkameraden noch überlegten, was sie denn nun studieren sollten, und im Grunde ganz froh waren, die Antwort auf diese Frage während ihrer Zeit bei der Bundeswehr oder dem Zivildienst noch etwas aufschieben zu können, begann er ein Studium an der Hochschule der Jesuiten in Frankfurt und nutzte die Freisemester nach den ersten beiden Jahren für ein Studienjahr in Italien, das sich ihm mit der ganzen Frömmigkeit seiner Menschen und Pracht seiner Kirchen offenbarte. Dort lernte er die Malerei der Renaissance und des italienischen Barock kennen. Seine Klosterzelle verzierte er mit Kunstdrucken und Postkarten der Werke, die ihn am meisten berührten, und es gab viele davon. Wie könnte man an Gott zweifeln, wenn der einen Michelangelo geschaffen hatte, um sich in dessen Bildnissen selbst zu offenbaren mit all seiner Tiefe, seiner Heiligkeit und seinem

Schmerz? Nach diesem Studienjahr stand seine Entscheidung fest: Er bewarb sich um den Eintritt in das Noviziat der Jesuiten. In dieser Gemeinschaft wollte er Lehrer und Erzieher sein. Es war auch keine Frage, dass er das sogenannte vierte Experiment – so nennt man im Orden die Praktika –, das er während seines Noviziats zu unternehmen hatte, nirgendwo anders als an einem Jesuiten-Internat absolvieren wollte. Als er dann an einem strahlenden Sonnentag in St. Blasien eintraf, in dem nicht nur die Kuppel des Domes thronte, sondern selbst von der Kuppel des Himmels und der Majestät des Waldes eingefasst schien, hatte er das Gefühl, nicht etwa an irgendeinem neuen Ort, sondern am Ziel seiner persönlichen Bestimmung angekommen zu sein.

Am Internat nahm man ihn freundlich auf, die Arbeit mit den Jungen machte ihm Freude, aber bald bemerkte er, dass einigen Mitbrüdern die Hand zu locker saß. Einmal fiel er Pater Paul in den Arm, weil der einen zehnjährigen Jungen windelweich zu prügeln drohte, nur weil der ein Lineal vergessen hatte; ein andermal suchte er mit einem Lehrer das Gespräch, der einen Schüler in einer Winternacht fünf Stunden mit nackten Füßen vor den Schlafsälen hatte stehen lassen. Der Schüler bekam davon eine Nierenentzündung, von der er sich nur schwer erholte. Einer der wenigen, der seine Schüler nicht schlug, bemerkte er, war Pater Florian. Der zeigte sich nett zu den Jungs und da er auch noch Italienisch unterrichtete, wählte er ihn zu seinem Tutor und schloss sich ihm an.

Wie er erst mit der Zeit bemerkte, stimmte aber auch mit Pater Florian etwas nicht. Bald fand er es seltsam, wie oft dieser die Schüler berührte, obwohl es ihnen unangenehm war. Natürlich konnte es richtig sein, einen Schüler zu umarmen, etwa weil der traurig war und weinte. Aber die Knaben dauernd und ohne jeden Anlass zu streicheln, war doch übertrieben. Auch fand er es nicht richtig, mit den Schülern abends ohne jeden Anlass Alkohol zu trinken, selbst wenn dies auf die etwas älteren unter ihnen begrenzt blieb. Er selbst war kein Asket. In Italien hatte er nicht nur das Essen, sondern auch den Wein schätzen gelernt, aber ein Pater, der Fünfzehnjährige trinken ließ, war ihm dort bei aller Lebensfreude nicht begegnet. Manchmal überlegte er, ob er Pater Florian seine Bedenken nicht mitteilen sollte, so wie er den Pater zur Rede gestellt hatte, der seinen Schüler nachts barfuß auf kaltem Steinboden hatte ausharren lassen. Doch Pater Florian war dann auch immer wieder so unbefangen und nett zu ihm und den Kindern, dass er davon absah.

Unter den Schülern gab es einen Halbitaliener, der dem Novizen bereits am ersten Tag aufgefallen war. Dunkelhaarig, schlank und groß für sein Alter, hätte er ungewöhnlich hübsch sein können, wenn nicht eine eigentümliche Anspannung Besitz von Körper und Zügen des Knaben ergriffen und ihm dadurch etwas Ungelenkes und Unglückliches gegeben hätte. Er erkundigte sich nach ihm und erfuhr, dass er ein nicht eheliches Kind aus – wie es hieß – zweifelhaften Verhältnissen war, Sohn einer schwäbischen Konditorin und eines verheirateten Italieners, der sich nicht um den Jungen kümmerte. Eigentlich, so fanden einige, gehöre er nicht an diese Schule und an dieses Internat. Die familiären Verhältnisse und die soziale Stellung waren doch eher ... na ja, und in St. Blasien würden schließlich auch Ministerkinder unterrichtet. Aber der Direktor habe eben bekanntermaßen ein weiches Herz und die Kirche auch Platz für Kinder der schwarzen Schafe unter uns. Dass der Junge sich in seiner Haut so unwohl fühlte, berührte den Novizen. Er beschloss, sich seiner anzunehmen, sprach ihn nach dem Unterricht an, lobte sein Italienisch, erzählte ihm, dass er selbst in Italien gelebt hatte und wie sehr er dieses Land liebe. Zu seiner Überraschung reagierte der Junge verhalten, um nicht zu sagen, abweisend auf ihn. Der Novize hatte erwartet, Vittorio, der mit Ausnahme des kleinen Peter von den meisten seiner Kameraden gemieden wurde, wäre glücklich, jemanden zu haben, der sich für ihn interessierte und sich um ihn kümmern wollte. Aber das war er nicht. Misstrauisch beäugte er den Novizen und wies dessen Komplimente zu seinem Italienisch ebenso zurück wie die über das Land selbst. Er möge Italien ganz und gar nicht, meinte Vittò, laut und verdreckt sei es dort; dass er die Sprache spreche, sei nicht sein Verdienst; sein Vater habe sie ihm aufgezwungen, bevor er sich endlich aus dem Staub gemacht habe. In die Italienisch-AG gehe er nur, weil man zwei Arbeitsgemeinschaften besuchen müsse und da mache er dann etwas, was er schon könne.

Der Novize ließ nicht nach. Er ahnte den Schmerz, der hinter der abweisenden Haltung des Jungen stand, und warb weiter um ihn. Unter dem Vorwand, sein eigenes Italienisch verbessern zu wollen, überredete er Vittò zu einer wöchentlichen Konversationsstunde, die er desto gründlicher vorbereitete, desto mehr er Vittò kannte und seine Interessen einzuschätzen wusste. Er begann mit Autos und Fußball, ging weiter zu Radfahren und Boxen und landete – als all diese Materien, die Jungs in dem Alter normalerweise interessieren, bei Vittò schlicht nicht verfingen – bei der Malerei. Und sosehr Vittò sich auch bemühte, den Novizen nicht an sich und sein wundes Herz herankommen zu lassen, so wenig konnte er sich diesem Thema entziehen. Zwar ließ er die Italiener selbst in diesem Gebiet ihrer frühen Meisterschaft nicht gelten – Rembrandt oder Caravaggio, keine Frage, wen er für den Größeren hielt –, aber die Malerei interessierte ihn doch sehr, und der Novize hatte bei seinen Besuchen in den Uffizien und Vatikanischen Museen genug gesehen, über das er dem mit leuchtenden Augen lauschenden Jungen berichten konnte.

Und so kamen sie sich näher, der unglückliche Junge und der angehende Pater, weiteten die wöchentliche Konversationsstunde immer mehr aus, spazierten durch die Wälder, beteten zusammen und wurden Freunde – auf ihre Art. Aber bei aller Verbundenheit, wirklich ins Vertrauen zog Vittò seinen älteren Freund nie. Versuchte dieser das Gespräch auf privatere Dinge zu lenken, auf die Mutter im Schwäbischen oder den Vater in der Ferne, verschloss der Junge sich und zeigte sich schweigsam und verstockt.

Irgendwann aber sah er etwas. Es geschah an einem normalen Wochentag und ohne Vorwarnung. Der Novize hatte – wie immer ganz versunken – im Dom ein Gebet gesprochen. Als er sich vor dem Altar bekreuzigte, um die Kirche wieder zu verlassen, hörte er plötzlich ein Geräusch wie von einem metallenen Gefäß, das zu Boden fiel. Er erschrak, denn er hatte angenommen, allein zu sein, und fragte sich, woher es wohl rührte. Kirchenräuber, das wusste er, machten immer wieder die Runde, und er fürchtete, dass sie sich den Domschatz vornehmen wollten. Als er zur Sakristei ging, fand er deren große und schwarze Türen nur angelehnt, was ihn gleichfalls wunderte, denn normalerweise waren sie um diese Zeit verschlossen. Leise öffnete er, ging durch den kleinen Gang, der zur Kammer führte, wo die Gewänder für die Liturgie gelagert waren, und sah vorsichtig hinein. Wenn tatsächlich Kirchenräuber am Werk waren, wollte er sie nicht warnen. Wie er so in den dunklen und schummrigen Raum spähte, entdeckte er plötzlich Vittòs Gesicht vor sich mit diesen großen und traurigen Augen und er sah noch etwas anderes, was er nie im Leben hatte sehen wollen und nie wieder vergessen würde. In den Zügen des Jungen standen Bitternis, Ekel und etwas, was der Novize nicht zu deuten wusste, stand, so kam es ihm in dem Moment vor, etwas, das die Maler immer wieder in die Gesichter der Märtyrer zeichneten, und gerade dies war es, was ihn am meisten erschreckte, was ihm von nun an nachgehen und ihn nachts aus dunklen Träumen reißen sollte. Als Vittò den Novizen sah und erkannte, senkte er schamvoll den Blick. Der schloss die Augen, drehte sich um und verließ die Sakristei ebenso leise wieder, wie er sie betreten hatte. Pater Florian hatte ihn nicht bemerkt.

Schon eine Viertelstunde später stand Vittò vor ihm

und beschwor ihn, niemandem je zu erzählen, was er gesehen hatte. Sein Leben sei ohnehin schon die Hölle. Wenn seine Kameraden auch noch erfuhren, was er tat, dann ließen sie ihm gar keine Ruhe mehr, dann würden sie ihn bis aufs Blut quälen. Vergeblich wies der Novize darauf hin, dass nicht er, Vittò, etwas tat, für das er sich schämen musste, dass nicht er sich irgendetwas zuschulden kommen ließ, sondern allein dieser Pater, der sich an ihm und zugleich an seinem Herrgott versündigte. Aber Vittò weinte, warf sich vor dem Novizen auf den Boden und flehte so lange, bis der ihm schließlich versprach, das Geheimnis zu wahren.

»Schwör es, schwör es bitte!«, sagte Vittò und küsste dem jungen Geistlichen die Hände, sodass dieser gar nicht mehr wusste, wohin mit sich und diesem unglücklichen Kind und dessen ganzem Leid, und schließlich bedrängt und verzweifelt zu schweigen gelobte, bei Gott und seiner Seele, niemals zu verraten, was er gesehen hatte. Erst da beruhigte sich Vittò wieder. Er trocknete sich die Tränen und ging in den Schlafsaal zurück, wo eben die ihn erwarteten, die ihm das Leben zur Hölle machten. Er hatte sich längst damit abgefunden, dass es für ihn auf dieser Welt keinen Platz gab, wo er Frieden finden würde. Der Novize in seinem Zimmer aber blickte sich um und riss all die Bilder und Kunstdrucke, die er gesammelt und immer wieder ehrfürchtig betrachtet hatte, wütend von den Wänden. Er konnte sie nicht mehr ertragen. Welches Bild er auch immer sah, es erinnerte ihn an Vittò.

32

Ich schlief gut in jener Nacht in meinem durchgelegenen Jugendbett, erstaunlich gut. Während mich die Sorge, der Freund meiner Kindheit könnte missbraucht worden sein, schlaflos gelassen hatte, schien mich die Gewissheit dieser Ungeheuerlichkeit zu beruhigen, so ungeheuerlich das selbst war. Als ich dann am nächsten Morgen nach zwei Stunden auf der Autobahn im Büro ankam, lagen zwei Vertretungsanzeigen auf meinem Tisch. Sie überraschten mich nicht. Die eine stammte von einer Anwaltskanzlei aus Sindelfingen, die die Vertretung Frau Schreibers anzeigte, die andere ausgerechnet von jener Strafverteidigerin, die vor wenigen Wochen den betrunkenen Fahrer erfolgreich gegen mich vertreten und nun die Verteidigung Pater Florians übernommen hatte. Beide Kanzleien baten um Akteneinsicht, die ich würde gewähren müssen, sobald die Ermittlungen abgeschlossen waren. Ich wunderte mich einen Augenblick, wieso die Sindelfinger Kanzlei nicht die Vertretung Arcangelos anzeigte, denn es schien mir eindeutig, dass er es war, der letztlich hinter diesem Antrag stand, als mir einfiel, dass noch nicht einmal klar war, ob er die Vaterschaft für Vittò überhaupt je anerkannt hatte. Um das zu erfahren, müsste ich seine Geburtsurkunde anfordern, aber die Frage tat für den Fall nichts zur Sache, und ich entschloss mich dagegen. Es gab keinen Grund, diesen Stein umzudrehen, um auf dessen dunkle Seite zu sehen, auch wenn es mich neugierig machte, ob Arcangelo die Verantwortung für Vittò und Frau Schreiber zumindest so weit übernommen hatte, als er vor dem Gesetz zu dieser Vaterschaft stand. Ich hatte Arcangelo immer bewundert, groß, schön und lebensfroh, wie er war. Es gab eine Zeit, da ich Vittò um diesen Vater beneidet und mich insgeheim für meinen geschämt hatte, weil der so abfiel neben ihm. Vielleicht hatte ich mir daher als Kind und Jugendlicher die Frage nie gestellt, die sich mir jetzt als Erwachsenem geradezu aufdrängte: Wie hatte Arcangelo seinen Sohn in Deutschland allein lassen können? Ich verstand, dass er sich an seine Ehefrau und die Söhne, die er mit ihr hatte, gebunden fühlte. Ich verstand auch, dass die Ehe, der Glaube und die Tradition in Sizilien eine ganz andere Rolle spielen mussten, als sie es in Deutschland taten und ich es gewohnt war. Um dies nicht nachvollziehen zu können, waren mir einige archaische Vorstellungen meiner Eltern viel zu bewusst. Ich verstand auch, dass es nicht leicht sein konnte, von Sizilien aus Kontakt zu einem Kind in Deutschland zu halten, nicht leicht sein konnte, der betrogenen Ehefrau zu erklären, wenn man dieses Kind besuchen oder vielleicht über die Ferien ins gemeinsame Haus nach Italien einladen wollte. Aber ein Brief von Zeit zu Zeit, ein Anruf zu den Festtagen, ein Geschenk zum Geburtstag, um dem Jungen zu zeigen, dass sein Vater an ihn dachte, wären möglich gewesen und hätten Vittò vielleicht doch nach und nach bewusst gemacht, nicht allein zu sein auf dieser Welt, so schwer es für ihn auch sein mochte. Stattdessen: nichts, jedenfalls nicht bis zu dieser zufälligen Begegnung zwischen

Vittò und mir in diesem Discounter, und damals waren wir beide schon über zwanzig und Arcangelo seit sieben Jahren nicht mehr in Deutschland. Arcangelo hatte ihn seine ganze Jugend über allein gelassen. Während mein kleiner, zu cholerischen Anfällen neigender Vater in seiner ungelenken Art für mich da war, egal was geschah, egal auch, was ich tat, blieb Vittò allein mit sich, einer überforderten Mutter, Schulkameraden, die ihn ablehnten, und einem Pater, der sich an ihm verging.

Und jetzt? Was wollte Arcangelo jetzt? Mein Vater meinte, ich solle mir keine Sorgen machen, und genau das musste mir eigentlich Sorgen machen. Was wollte er? Es ging ihm um die Adresse … Den Gedanken, der daraus folgte, ließ ich nicht zu.

Ich gab das Protokoll der Vernehmung des Pfarrers, das ich gestern noch in Sindelfingen diktiert hatte, in den Schreibdienst und vergegenwärtigte mir, was ich nun hatte: einen Zeugen, der den Missbrauch Vittòs durch den Pater bestätigen konnte, einen Obduktionsbericht und ein Tagebuch, die nahelegten, dass der kleine Peter durch denselben Geistlichen missbraucht worden war. Ich hatte einen Kinderreim, der darauf hinwies, dass es nicht bei zwei Opfern geblieben war. Ich hatte also, wie mir mit einem Mal schrecklich bewusst wurde, nichts, rein gar nichts. Unter normalen Umständen hätte die Aussage des Pfarrers für eine Anklage gegen Pater Florian genügt, natürlich, aber der bloße Kindesmissbrauch Vittòs war verjährt; sogar der Missbrauch des armen Peter war es, selbst wenn man unterstellte, es wäre zu beweisen, dass Peter sich wegen dieses Missbrauchs das Leben genommen hatte. Über all das breitete das Gesetz den schützenden Mantel des Vergessens. Nichts belegte, dass der Pater in den letzten Jahren gegenüber anderen Kindern übergriffig gewesen wäre, wie ich dies in meinem Antrag auf Erlass des Durchsuchungsbefehls unterstellt hatte. Selbst wenn es weitere Missbrauchsfälle gäbe, hatte ich dafür keine Hinweise, erst recht keine Beweise, und ich konnte schlecht jeden Schüler verhören, der in den letzten zwanzig Jahren auf dieses Internat gegangen war. Noch nicht einmal der Besitz von Kinderpornografie war dem Pater vorzuwerfen. Ich hatte also rein gar nichts gegen ihn in der Hand ... Nichts, wenn nicht ... Es gab einen letzten, einen allerletzten Strohhalm, an dem ich mich festhalten konnte. Damit der mir nicht entglitt und meine Anklage endgültig verloren war, würde ich ein Gutachten brauchen.

Nachdem ich den Auftrag hierzu erteilt hatte, blieb in diesem Verfahren für heute nichts mehr zu tun. Ich gönnte mir eine kleine Pause und bereitete mir mit der Bialetti einen Espresso zu, den ich im Stehen und mit Blick auf das Meer der Dächer vor meinem Büro trank. Es ließ sich nicht vermeiden, natürlich kam mir dabei wieder in den Sinn, wie oft ich mit Margarethe genau an derselben Stelle gestanden und hinausgesehen hatte. Wie lange war es her, dass wir uns dabei so nah kamen, dass wir unwillkürlich im gleichen Takt zu atmen begannen? Damals hatten wir uns nicht geküsst, noch nicht einmal berührt hatten wir uns und so unsere Vertrautheit nicht nur vor anderen, sondern auch vor uns selbst geschützt. Es wäre besser gewesen, wir hätten es dabei belassen, vielmehr sie hätte es dabei belassen, denn der Verdienst der Verführung kam nicht mir zu. War unsere Freundschaft für sie tatsächlich so unbedeutend, dass sie sie einer bloßen Liebesnacht opfern konnte? Oder lag es an mir? War ich ihr – bei aller Leidenschaft und Hingabe, die ich empfunden hatte – auch in dieser Nacht nur reserviert begegnet, wie es mein Fluch zu sein schien, oder hatte ich die Handbremse gelöst? Ich konnte es nicht sagen, ich wusste es nicht, und sie war der einzige Mensch, der mir diese Fragen hätte beantworten können.

Das Klingeln des Telefons riss mich aus meinen Gedanken, beinahe war ich dankbar dafür.

»Tedeschi«, meldete ich mich routiniert.

»Und, haben Sie etwas gefunden?«

»Frau Becker?«

»Ich weiß, es ist unüblich, aber es hat mich nicht losgelassen. Haben Sie etwas gefunden?«

»Um ehrlich zu sein: ja und nein. Die Durchsuchung selbst hat nicht viel gebracht. Es gab nach dem Selbstmord dieses kleinen Jungen zwar tatsächlich eine hausinterne Untersuchung, aber die war vollkommen dilettantisch. Niemand hat etwas gesehen, niemand hat etwas gesagt. Oder fast niemand. Dafür konnte ich diesen Priester, der früher am Kolleg war und sich dort mit einem der Opfer angefreundet hatte, endlich überreden, reinen Tisch zu machen. Er hat zumindest einen Missbrauch gesehen, ja, genau: *gesehen*. Die Aussage ist klar und detailliert. Ich habe sie gerade zum Schreiben gegeben.«

»Um welchen Jungen geht es dabei? Um den, der sich aufgehängt hat?«, fragte die Richterin.

»Nein, um den anderen, Vittorio Schreiber«, antwortete ich und war selbst erstaunt, wie sachlich ich dabei blieb. »Das ist derjenige, der später an Magersucht gestorben ist.«

»Und jüngere Taten?«

»Keine, leider.«

»Ein paar Pornos mit kleinen Jungs?«

»Nichts, außer ein paar Unterwäsche- und FKK-Katalogen.«

»Mist!«

»Das können Sie laut sagen.«

Die Richterin blieb stumm. Über das Telefon konnte ich ihren Atem hören. Die Situation war unwirklich.

»Frau Becker, sind Sie noch dran?«, fragte ich nach einer Weile.

»Ja«, antwortete sie mit einem eigentümlichen Tonfall, »ich überlege, ob ich mit meiner Schwester sprechen kann ...«

»Mit Ihrer Schwester?«

»Ja, wegen meines Neffen ... Ich hatte Ihnen doch erzählt, dass er das Kolleg besucht. Vielleicht könnte sie mit ihm reden und herauszuhören versuchen, ob dieser Pater noch aktiv ist.«

»Wäre eine Möglichkeit ...«, antwortete ich vorsichtig. Mir war völlig klar, wie problematisch es war, wenn man als Richter die Familie in eine solche Ermittlung einbezog. Daher blieb ich zurückhaltend und versuchte nicht etwa, sie zu etwas zu drängen, was sie nicht wollte.

»Ich denke darüber nach«, antwortete die Richterin tonlos; mehr konnte ich nicht verlangen.

33

Und wenn der Neffe der Richterin nichts zu berichten wusste? Wenn der Pater durch den Tod des kleinen Peter und die Untersuchung so eingeschüchtert war, dass er von den Jungs gelassen hatte? Wenn das Alter und das Nachlassen des Sexualtriebes ihn davor bewahrt hatten, in den letzten Jahren noch aktiv zu sein? Dann blieb nur eine Hoffnung, ihn für das, was er getan hatte, noch zur Rechenschaft zu ziehen. Und diese Hoffnung lag einzig und allein in dem Gutachten, das ich in Auftrag gegeben hatte, eine ziemlich vage Hoffnung, wie ich mir kaum einzugestehen vermochte. Wenn wir beweisen könnten – *beweisen!* –, dass auch Vittòs Hungertod auf den Missbrauch zurückzuführen war, wäre diese Tat, dieser Missbrauch mit Todesfolge, als einzige noch unverjährt. Denn die Verjährungsfrist begann auch in diesem Fall erst mit dem Tod des Opfers. Dass es so war, davon war ich überzeugt. Es bestand für mich kein Zweifel daran, dass Vittò seinen Körper nur deswegen zu hassen und zu kasteien begonnen hatte, weil er missbraucht worden, weil eben dieser Körper Objekt der Begierde des alten Mannes geworden war. Aber war das zu beweisen? Würde ein psychiatrischer Gutachter bestätigen, wovon ich im tiefsten Inneren überzeugt war? Ich wagte nicht, mir auf diese Frage eine Antwort zu geben.

Das Gutachten kam. Es kam schon nach wenigen Wochen und also viel zu schnell, und allein das war ein schlechtes Zeichen. Wenn ein Psychiater im Guten oder im Schlechten maßgeblich zu einem Fall beitragen kann, dann tut er das nach langen und intensiven Recherchen. Nur wenn er nicht viel beizutragen hat, beschränkt er seine Auskünfte auf wenige Seiten. Ich weiß noch, wie Imbery mir an dem Tag die Post brachte, so wie er es immer tat. Auf den Polizeiberichten, die mir täglich vorgelegt wurden, befand sich der braune Umschlag der Universitätsklinik. Ich nahm ihn vom Stapel herunter, wollte ihn jedoch nicht öffnen. Es war später Vormittag, der Himmel klar und beinahe wolkenlos, ein schöner Tag Anfang Mai. Ich drehte den Umschlag in meinen Händen, das Licht der Frühlingssonne fiel darauf, und ich wusste doch, dass mir die Ergebnisse der Untersuchung, die er enthielt, nicht gefallen würden. Dann gab ich mir einen Ruck und riss ihn auf.

Universitätsklinik Freiburg, Klinik für Psychiatrie, Kinder und Jugendpsychiatrie … Psychiatrisch-psychologisches Gutachten …

Beweisfrage: Ist der Hungertod des am … verstorbenen Vittorio Schreiber im forensischen Sinne nachweisbar auf einen sexuellen Missbrauch in den Jahren 67–72 seines Internatsaufenthalts in St. Blasien zurückzuführen?

Der Gutachter formulierte das entscheidende Problem sehr genau. Es folgten allgemeine Überlegungen zu den Folgen des Kindesmissbrauchs bei Jungen und den häufigsten Erkrankungen, die mit solchen Missbrauchserfahrungen verbunden waren. Ich las und las und verstand nicht, und was ich verstand, das wollte ich nicht lesen. Von einer Demütigung der Jungen durch die Reizbarkeit ihrer

Körper war die Rede. Von einer Kränkung ihres Selbstbildes als Männer, weil sie sich nicht wehren konnten, von Scham gegenüber ihrem sexuellen Empfinden und einer Entfremdung vom eigenen Körper … Die Buchstaben verschwammen vor meinen Augen, der Text schien in einer fremden Sprache geschrieben. Wenn er Zusammenhänge aufzeigte, dann blieben sie mir verschlossen. Ich las die ersten beiden Seiten einmal, zweimal … immer wieder. Am Ende konnte ich mich kaum an ein Wort erinnern. Ich ahnte, dass ich mir selbst im Weg stand, aber auch diese Erkenntnis brachte mich nicht weiter. Ich legte das Gutachten vor mir auf den Tisch und starrte wie betäubt drauf.

So kam ich nicht weiter, das wusste ich. Was blieb? Was konnte ich tun? Kurz entschlossen griff ich zum Telefon und rief den Gutachter an, vielleicht wenn er es mir erklärte?

Ich hatte Glück. Er nahm nach dem zweiten Klingeln ab. »Rebnitz …«, melde er sich etwas abwesend.

»Tedeschi, Staatsanwaltschaft Freiburg«, stellte ich mich wie immer sachlich vor, »haben Sie einen Moment für mich?«

»Gerne«, antwortete er mit einem Mal völlig präsent, »geht es um das Gutachten in Sachen dieses Paters?«

»Ja, genau. Ich habe es gerade bekommen und zu lesen versucht, aber … Ich weiß nicht, ich würde gerne mit Ihnen darüber sprechen. Ich verstehe nicht alles.«

»Oh, das tut mir leid, ich habe versucht …«

»Es liegt nicht an Ihnen«, fiel ich ihm ins Wort. »Ich … Ich bin selbst emotional betroffen. Ich weiß nicht, wie ich es Ihnen erklären soll.«

»Müssen Sie nicht – kommen Sie doch einfach vorbei«, sagte er ausgemacht freundlich.

»Gerne«, beeilte ich mich zu versichern, wobei ich mir unendlich dumm vorkam und hoffte, dass Rebnitz es nicht bemerken würde. »Wann passt es denn bei Ihnen?«

»Gleich, wenn Sie möchten. Ich habe gerade Mittagspause und eine gute Dreiviertelstunde hätte ich für Sie, bevor ich wieder auf die Station muss. Kommen Sie doch einfach her. Sie wissen sicher, wo wir sind. Zimmer 312 …«

»Ich bin sofort bei Ihnen«, sagte ich dankbar und legte auf.

Die Freiburger Staatsanwaltschaft und die Psychiatrische Klinik sind nicht allzu weit voneinander entfernt. Zudem gibt es eine Straßenbahn, die nicht nur in gerader Linie von der Staatsanwaltschaft zur Klinik führt, sondern praktisch auch noch vor beiden Gebäuden hält. Wer weiß, ob sich der zuständige Verkehrs- und Stadtplaner dabei nicht vielleicht doch etwas gedacht hat. Keine Viertelstunde später jedenfalls stand ich in der »Hauptstraße« – wie die Klinik im Jargon der Polizisten und Staatsanwälte heißt – und klopfte an der Tür zu Zimmer 312.

Professor Dr. Rebnitz war ein kleiner Mann in den Fünfzigern mit grauem Kinnbart, gemütlichem Bäuchlein und freundlich blitzenden Augen, mit denen er einen über eine rote Lesebrille hinweg ansah. Auf seinem Schreibtisch türmten sich die Akten, in den Regalen und auf jeder freien Fläche stapelten sich Bücher. Er kam mir freundlich entgegen und reichte mir die Hand.

»Ah, Sie sind der Staatsanwalt Tedeschi«, sagte er, als hätte er schon x-mal von mir gehört, »freut mich sehr, dass Sie so schnell den Weg zu mir gefunden haben. Bitte setzen Sie sich doch.« Dabei zeigte er auf einen Besucherstuhl, der genauso mit Akten überladen war wie der Schreibtisch. »Oh, Entschuldigung. Ich mach den Stuhl gleich frei. Ich weiß einfach nicht, wohin mit dem ganzen Zeug …« Kaum gesagt, griff er sich geschickt den ganzen Aktenstapel und lud ihn auf einen anderen, der sich am Boden befand und dadurch eine bedrohliche Neigung erhielt. »Wie kann ich Ihnen denn helfen?«, fragte mich Professor Rebnitz, nachdem wir beide Platz gefunden hatten. Er sprach, wie ich jetzt bemerkte, mit einem leicht sächsischen Einschlag.

»Ja, es geht um dieses Gutachten zum Tod meines Freundes …«, begann ich und hatte mich schon verraten. »Ich meine, zum Tod Vittorio Schreiber.«

»Er war Ihr Freund?«, fragte Rebnitz ruhig.

»Ein Jugendfreund, ja«, antwortete ich schweren Herzens. Rebnitz nickte und lächelte mich nachsichtig an.

»Ich wollte einfach klären, ob sich sein Tod auf den Missbrauch in diesem Internat zurückführen lässt. Falls nein, dann … Ich meine, es wäre die einzige Chance, den Täter noch zur Verantwortung zu ziehen.«

»Ich verstehe«, sagte Rebnitz, »ich verstehe das sehr gut, glauben Sie mir. Es ist nur … Sehen Sie, wenn Ihr Freund vor seinem Tod mein Patient gewesen wäre und von dem Missbrauch in seiner Kindheit erzählt hätte, dann wäre es sicher meine erste Annahme gewesen, dass zwischen seiner Magersucht und dem Missbrauch ein Zusammenhang besteht. Bei Mädchen entsteht die Magersucht sehr häufig vor dem Hintergrund der Pubertät und dem Wunsch dieser Mädchen, ihre Entwicklung zur Frau aufzuhalten. Und da gibt es natürlich Bezüge zur eigenen Sexualität. Bei Ihrem Jugendfreund ist etwas Ähnliches denkbar. Es gibt Studien, die belegen, dass magersüchtige Mädchen nicht selten Missbrauchserfahrungen gemacht haben. Ein Missbrauch richtet in einem Kind sehr viel an, und vieles davon ist auch nie wiedergutzumachen. Aber nun mit zumindest guter wissenschaftlicher Sicherheit zu sagen, der Missbrauch habe die Magersucht und letztlich den Tod dieses jungen Mannes verursacht, wie das ja für eine Verurteilung nötig wäre, das kann ich nicht. Das kann niemand. Dazu ist mir über Ihren Freund viel zu wenig bekannt. Sehen Sie, seine Magersucht kann viele Gründe haben. Seine Religiosität könnte ein Grund sein. In vielen Religionen ist das Fasten und der damit verbundene Verzicht ein wichtiger Teil des Glaubens. Das könnte sich auf irgendeine Art verselbstständigt und so Suchtcharakter angenommen haben. Es heißt ja nicht umsonst Magersucht. Wir haben es mit einer echten Sucht zu tun, und einer sehr gefährlichen noch dazu. Die Betroffenen können ihr Essverhalten zum Teil wirklich nicht mehr kontrollieren und haben häufig nicht die geringste Einsicht, dass sie krank sind. Seine Sexualität könnte eine Rolle spielen – ganz unabhängig von dem Missbrauch. Stellen Sie sich vor, er wäre homosexuell gewesen und hätte diese Neigung abgelehnt. Auch das ließe sich gut mit seiner Religiosität in Verbindung bringen. Dann könnte die Magersucht Folge des Versuchs sein, den eigenen Körper unter Kontrolle zu bringen. Es sind sogar genetische Faktoren bekannt, die zur Magersucht beitragen ... Was ich sagen will: Als sein behandelnder Arzt würde ich den Zusammenhang mit dem Missbrauch für wahrscheinlich, vielleicht sogar für sehr wahrscheinlich halten, aber als forensischer Gutachter muss ich sagen, beweisbar ist das nicht.« Er machte eine kurze Pause und sah mich väterlich an. Ganz sicher war seine Freundlichkeit Teil seines Berufs und der Art, wie er seinen Patienten begegnete. Trotzdem wirkte sie an ihm echt und gänzlich ungezwungen. Aber natürlich trafen mich seine Worte, was ihm nicht entging. Er legte den Kopf schief und lächelte resigniert, als ob er für das, was er gesagt hatte, um Entschuldigung bitten wollte.

»Es tut mir sehr leid«, fügte er schließlich hinzu, »es tut mir leid um Ihren Freund und es tut mir leid für Sie.«

Ich bemerkte, wie sich mein Hals zuschnürte. Ich nickte und wischte mir eine Träne aus den Augen.

»Es tut mir leid für Sie.« Der Satz ging mir lange nach. Ich hatte bis zu diesem Moment vielleicht gar nicht bemerkt, was in dieser Ermittlung auch von mir steckte. Wie sehr es mir ganz persönlich darum ging, gegenüber Vittò etwas gutzumachen, was ich ihm zu Lebzeiten schuldig geblieben war – ihm und wohl auch mir selbst. Ich begriff, ich hätte ihn – seiner ganzen Ablehnung zum Trotz – doch nicht aufgeben dürfen, den Kontakt zu ihm suchen, ihm schreiben müssen, zumindest nach diesem unglücklichen Treffen in dem Discounter, bei dem ich ihn so ungeschickt auf seinen Vater angesprochen hatte. Er war mein Freund, der einzige, mit dem ich teilen konnte, was mich ausmachte, der einzige, der meine Fremdheit hier, meine deutsche und meine italienische Welt verstand und ebenso in sich vereinte, wie ich es tat. Das war mir immer klar gewesen. Allmählich aber reifte in mir der Gedanke – den ich bis zu dem Moment für unmöglich gehalten hatte –, dass es Vittorio mit mir vielleicht letztlich genauso gegangen sein musste und ich für ihn ebenfalls der einzige Freund geblieben war, auch wenn er mich zurückgewiesen und mir das Herz gebrochen hatte. Und merkwürdig, dieser Gedanke hatte etwas Tröstendes.

Aber wenn ich ihm etwas bedeutete und er mir, worin lag dann die Sünde, die er in unserer Freundschaft gesehen hatte?

»Lassen Sie es mich zumindest verstehen …«, bat ich den Psychiater.

»Was meinen Sie?«, fragte er ein wenig irritiert und das ganz zu Recht, denn ich hatte mir diese Frage nicht überlegt. Ich hatte sie ausgesprochen, ohne zu denken, sie kam, ich weiß nicht, woher.

»Lassen Sie mich verstehen, wieso er mich so zurückgewiesen hat. Was habe ich ihm angetan?« Erst während ich das sagte, wurde mir klar, dass Rebnitz nicht wissen konnte, worüber ich sprach. Dass Vittò und ich uns kannten, wie nah wir uns waren, hatte ich ihm gerade erst gesagt; aber wie unsere Freundschaft auseinanderging, konnte er nicht wissen. Ich holte tief Luft und begann zu erzählen. Von unseren Vätern, von unserer ersten Begegnung, unserer Freundschaft und von ihrem Bruch.

»Er war Ihnen sehr wichtig, nicht?«, fragte Rebnitz.

»Sehr«, bekannte ich ganz offen.

»Das verstehe ich gut. Würden Sie sagen, Sie haben ihn … geliebt? Ich meine, nicht in einem erotischen Sinne. Ich meine, als einen Freund.«

»Ich …«, antwortete ich zögernd, »ich habe mir die Frage nie gestellt. Ich weiß es nicht. Aber wenn ich jetzt darüber nachdenke … Als Dreizehnjähriger hätte ich das Wort nicht gebraucht, aber aus heutiger Sicht, ja, ich habe ihn geliebt, wie man einen Freund nur lieben kann.«

»Und meinen Sie, ihm ging es mit Ihnen ebenso?«

»Das weiß ich nicht … Wir haben so etwas nicht besprochen, aber sicher war ich ihm wichtig. Ich muss darüber nachdenken.«

»Ja«, antwortete Rebnitz und sah mit einem Male ungewöhnlich ernst aus dabei, »tun Sie das. Ich denke, es ist wichtig.«

Ich war sehr gefasst, als ich Rebnitz verließ, obwohl ich wusste, dass ich den Mann, der Vittò missbraucht hatte, aller Wahrscheinlichkeit nach nicht würde anklagen können. Ich hatte verloren, ganz einfach. Ich hatte nichts in der Hand, was seine Verfolgung und Anklage rechtfertigen würde.

Was könnte ich noch tun? Das Einzige, was blieb, war die Vernehmung dieses Paters. Wegen der Dinge, die er Vittorio und Peter angetan hatte, konnte ich ihn nicht belangen, aber ihm in die Augen sehen und ihm zeigen, dass ich *wusste,* was er getan hatte, und wusste, was er war, das konnte ich. Und wer weiß, vielleicht kam bei seiner Vernehmung noch etwas heraus, das mich auf die Spur einer Tat führte, die noch nicht erkaltet, die noch nicht verjährt war. Hatte nicht selbst Joseph-Georg Müller sich verraten, als er von Margarethe vor rund einem Jahr vernommen wurde? Er hatte sie unterschätzt; das war sein Untergang. Ich musste dafür sorgen, dass es Pater Florian mit mir ebenso ging. Was aber, wenn es mir nicht gelang?

Ich ließ seiner Verteidigerin die Akte zukommen und bestellte den Pater für die nächste Woche zum Verhör. Ich war sehr gespannt, ob er kommen würde.

34

Er kam. Beinahe staunte ich.

Es war ein sonniger Tag. Der Frühsommer war endlich eingekehrt in die Stadt, als ein kleiner Pater mit dicker, verdunkelter Hornbrille und grauen, nach hinten gekämmten Haaren in Begleitung seiner Verteidigerin in mein Büro trat. Er war Mitte sechzig, wirkte aber älter. Er hielt einen Sommerhut in den Händen, den er – sichtlich nervös – ständig knetete. Der Ausdruck seiner Augen war hinter den dunklen Gläsern seiner Brille nicht gut auszumachen. Was ich aber sah, hatte etwas Tückisches, wie mir schien. Er war sehr bleich und hatte einen schmalen Mund mit dünnen farblosen Lippen. Es war der Pater, der mich bei meinem Besuch im Dom in St. Blasien angesprochen hatte.

»Guten Tag, Herr Tedeschi«, sagte die Verteidigerin mit sicherer und lauter Stimme und reichte mir die Hand. Sie war auch an diesem Tag modern und teuer gekleidet, Prada oder Gucci, irgendetwas in dieser Preisklasse, der Rock etwas zu kurz für ihr Alter und das Dekolleté zu weit. Hatte ich mich noch vor Kurzem über sie geärgert, bekam ich jetzt fast ein wenig Mitleid, wie sie sich gegen ihr Verblühen stemmte.

»Pater Florian hier an meiner Seite brauche ich Ihnen ja nicht vorzustellen«, fuhr sie unbeirrt fort, »mir ist aber wichtig zu sagen, dass wir auf seinen ausdrücklichen Wunsch hier sind. Der Pater weiß, dass er zu dieser Vernehmung nicht hätte kommen müssen, und ich habe ihm auch gesagt, dass Sie in dieser ganzen Akte« – und bei diesen Worten zeigte sie auf den Stapel, der da vor mir lag – »nichts, aber rein gar nichts, haben, was Sie heute noch zur Grundlage einer Anklage machen könnten …« Und bei diesen Worten lächelte sie.

Wie stellte sie es wohl an, selbst für die Verteidigung eines Kinderschänders noch so etwas wie Kampfgeist und Ethos aufzubringen?

Ich bat den Pater und seine Verteidigerin, sich zu setzen, und blätterte einen Moment verwirrt in meinen Unterlagen. Dann sah ich die beiden so freundlich und offen an, wie ich es nur vermochte – obwohl ich ihn vor mir sah, dort in der Sakristei und Vittò bei ihm …

»Ja …«, begann ich zögerlich, »da bin ich Ihnen aber umso dankbarer, dass Sie doch den Weg zu mir gefunden haben. Wissen Sie, ich finde es immer wichtig, den Menschen, gegen die man ermittelt, Gelegenheit zu geben, eben auch ihre eigene Version der Dinge zu erzählen. Ich habe das Gefühl, das bin ich Ihnen schuldig, gerade wenn so ernste Vorwürfe im Raum stehen wie hier.« Und dabei sah ich den Pater an, als könnte ich kein Wässerchen trüben. »Ich bin ja selbst katholisch … Als ich diese Vorwürfe hörte, die da von einem Priester gegen einen Bruder im Glauben erhoben wurden, war ich sehr – wie soll ich sagen –, sehr betroffen. Ja, sehr, sehr betroffen. Daher kann ich diese Aussagen auch für mich nicht so ohne Weiteres stehen lassen, auch wenn die Delikte, um die es geht, an sich verjährt sind. Aber wer weiß, in welche Hände die Akte noch gerät. Das ist immerhin ein amtlicher Vorgang.«

Wieder bemühte ich mich um ein Lächeln und sah die beiden an. Während der Pater zaghaft aus seinen dünnen Lippen zurücklächelte, blieb ihr Ausdruck angriffslustig und gespannt. Ich überlegte, ob sie mein Spiel vielleicht durchschaute oder ob diese demonstrative Kälte Teil der Rolle war, die sie spielte und zu spielen hatte.

»Schöne Tasche übrigens«, sagte ich und zeigte auf ihre lederne Aktenmappe, die sie auf den Knien balancierte und offensichtlich genauso teuer und ausgesucht war wie ihre ganze Kleidung. Das Kompliment kam mir spontan, ungeschützt, und tatsächlich öffneten sich ihr Blick und ihr Ausdruck mit einem Mal.

»Oh, finden Sie?«, sagte sie beinahe verlegen. »Ich hab sie aus Italien, aber das brauche ich Ihnen ja sicher gar nicht zu sagen.« Und tatsächlich, das hätte sie mir gar nicht sagen müssen.

»Dieser Pfarrer da, der lügt«, meldete sich auf einmal der Pater, der es offenbar nicht ertragen konnte, dass dieses Verhör so gar nicht begann, und das war nun ganz in meinem Sinne. Ich hätte zwar lieber nicht sofort mit dem Kern der Anschuldigungen begonnen, aber wenn der Pater selbst unmittelbar darauf zusteuerte, sollte es mir recht sein.

»Ja, genau, kommen wir zur Sache«, sagte ich daher, »ich kann Ihre Unruhe verstehen. Er lügt also ...«

»Genau. Er lügt, von A bis Z und von vorne bis hinten.«

»Verstehe«, sagte ich und nickte dem Pater zu, »ich muss zugeben, auch mir kommt die Geschichte merkwürdig vor, und es beruhigt mich, dass Sie die Vorwürfe so klar zurückweisen. Nur eines verstehe ich nicht. *Warum* sollte er denn lügen? Damals schon, als er Sie bei der Schulleitung verdächtigt hat, und heute wieder. Was hat er denn für einen Grund zu lügen?«

»Neid«, sagte der Pater entschlossen, »die Sünde des Neids und die Sünde der Eifersucht. Das sind seine Beweggründe. Neid und Eifersucht. Todsünden.«

»Neid und Eifersucht«, wiederholte ich beinahe ebenso entschieden wie der Pater selbst, »das sind tatsächlich die klassischen Motive für eine falsche Anschuldigung. Aber warum ist dieser Priester denn auf sie neidisch und eifersüchtig?«

»Na, überlegen Sie«, antwortete der Pater im Brustton der Überzeugung.

»Ich?«, wiederholte ich möglichst begriffsstutzig. »Ich kenne ihn nur von diesem Verhör, das ich mit ihm führen musste, und da ließ sich leider nicht viel erkennen. Man sieht den Menschen immer nur vor die Stirn, das wissen Sie ja.«

»Oh, er war auf vieles eifersüchtig. Aber vor allem auf zwei Dinge: meine Berufung und mein gutes Verhältnis zu den Kindern.«

»Ihre Berufung? Sie meinen Ihre Berufung zum Pater?«

»Vor allem meine Berufung zu Gott«, antwortete er sicher. »Ich weiß nicht, ob Sie das als Laie nachvollziehen können, aber für uns spielt die Berufung zu Gott in unserem Leben die ganz zentrale Rolle ... und dieser Priester, wissen Sie, dieser Novize damals, empfand gar keine Berufung. Schon vom ersten Tag an, als ich ihn kennengelernt hatte, zweifelte er an allem. ›Pater, meinen Sie, ich habe das Richtige getan?‹ ›Ist ein Leben im Orden der richtige Weg für mich?‹ ›Glauben Sie, Bruder, Gott hat mich wirklich für dieses Leben bestimmt?‹ Es war kaum auszuhalten ... Und natürlich war die Ehelosigkeit für ihn ein Riesenproblem ...«

»Interessant, sehr interessant«, bemerkte ich, um ihn zu unterstützen.

»Ein wirkliches Riesenproblem ...«, wiederholte der Pater, um sicherzugehen, dass ich verstanden hatte. Es fehlte nicht viel und er hätte mir zugezwinkert. Ich überlegte einen Moment, ob ich an dieser Stelle weitermachen sollte, entschied mich jedoch dagegen. Stattdessen wechselte ich das Thema: »Und Ihr Verhältnis zu den Kindern? Was war damit?«

»Das war der zweite Punkt, der ihn eifersüchtig machte. Die Jungs mochten mich wirklich gerne. Sie vertrauten mir, sie suchten meine Zuneigung. Ich habe in meinen ganzen Jahren am Internat kein einziges Mal die Hand erheben müssen. Es muss ihn verrückt gemacht haben. Er war hinter diesem Italienerjungen her wie der Teufel hinter der armen Seele, aber der ließ ihn immer wieder abblitzen. Zu mir hingegen hatte Vittorio ein sehr offenes und freundschaftliches Verhältnis. Er war mein Ministrant, er war in meinem Italienischkurs. Ich musste ihm nicht hinterherlaufen wie dieser spätere Pfarrer.«

»Warum hat er das wohl gemacht?«, fragte ich bewusst ungeschickt.

»Was genau? Sie müssen sich schon präziser ausdrücken«, hakte die Kollegin ein. Offenbar sah sie sich bemüßigt, für das üppige Honorar, das ihr der Pater oder der Jesuitenorden bezahlte, auch etwas zu tun.

»Ich meine, warum hat dieser Novize, wie er ja zugibt, diesem Jungen so nachgestellt? Er selbst meinte, er habe ihm helfen wollen, weil er so isoliert war …«

»Ach, papperlapapp«, meinte der Pater mit einer wegwerfenden Handbewegung, »er hat seine Nähe gesucht, weil es ein … hübscher Junge war und … die Ehelosigkeit, Sie verstehen?«

»Sie meinen, er hatte ein sexuelles Interesse an dem Jungen? Glauben Sie, er hat das getan, was er Ihnen vorwirft?«

»Ich bin sicher«, antwortete der Pater. »Ich meine, er ist doch später als Pfarrer sogar an den Wohnort dieses

Jungen gezogen, oder? Warum, meinen Sie wohl, hat er das getan?«

»Wegen der Probleme, die er mit der Ehelosigkeit hat?«, antwortete ich.

Der Pater nickte und öffnete mit großer Geste die Arme.

»Ich verstehe nur nicht, was das miteinander zu tun hat. Ich meine, die Probleme der Ehelosigkeit beziehen sich doch auf die – wie soll ich es sagen –, auf die Sehnsucht nach einer Frau. So wie Sie es schildern, hätte er sich aber gar nicht zu einer Frau, sondern zu einem Jungen hingezogen gefühlt ...«

»Ich glaube, der Pater verwendet den Begriff in einem weiteren Sinne ...«, bemerkte die Verteidigerin süffisant und ein wenig anzüglich, worauf der Pater nickte.

»Ich verstehe leider immer noch nicht ...«, wiederholte ich.

»Sehen Sie«, begann der Pater zu erklären, »vielleicht muss man das Zölibat kennen, um das zu verstehen. Bei manchen jungen Geistlichen lenkt die Ehelosigkeit das Interesse auf ... wie soll ich mich ausdrücken ... auf Knaben, insbesondere auf solche, die ein wenig wie Mädchen sind ... Ich möchte über den Toten nichts Schlechtes sagen, Vittorio war eine verlorene Seele, aber er war so ein Junge ...«

»Der ein bisschen wie ein Mädchen war?«, fragte ich nach.

»Genau«, antwortete der Geistliche.

»Sie meinen, er war mädchenhaft in seinem Äußeren und seinem Benehmen?«

»Auch …«, antwortete der Pater zögernd.

»Auch?« Ich verstand wirklich nicht, worauf er hinauswollte.

»Auch. Wie soll ich mich ausdrücken? Die Knaben in dem Alter werden ja geschüttelt von ihren Begierden. Das ist die Versuchung, mit der Gott sie prüft. Der arme Antonio unterlag aber noch einer anderen Sünde …« Der Pater stockte wieder und lächelte mich an, als ob er erwartete, dass ich verstanden hatte und er nicht weitersprechen musste.

»Sünde?«, wiederholte ich und fühlte, wie dieses Wort eine Saite in mir zum Klingen brachte.

»Na … Sie wissen es doch«, sagte er plötzlich erstaunlich grob, »Sie kannten ihn doch. Er war invertiert …«

»Invertiert?«, wiederholte ich – rein mechanisch, um meinem Kopf noch einen Augenblick zu geben, bevor er verstand, bevor dieses Wort und seine Bedeutung mich erreichten.

»Schwul …«

Das war der Moment, indem ich brach. Mich ergriff eine Welle des Zorns, wie ich es noch nie erlebt hatte, Zorn, der mich völlig in Besitz nahm und mir den Atem raubte. Ich hatte noch so viele Fragen. Ich wollte ihm die Fotografien seiner Schüler vorlegen, den FKK-Prospekt mit den nackten Kindern, den Wäschekatalog, der gerade bei der Knabenunterwäsche besonders oft aufgeschlagen worden war, wollte ihn zermürben, sein Lügengebäude zum Einsturz bringen, ihn zumindest blamieren. Nichts mehr. Stattdessen sprang ich auf und schrie: »Wie können Sie … Was erlauben Sie sich!«, schrie mit überschlagender Stimme und packte die Akten, die zwischen uns lagen und schleuderte sie zu Boden. Wäre nicht der Schreibtisch zwischen mir und ihm gestanden, ich hätte mich auf ihn gestürzt.

»Herr Tedeschi, Sie vergessen sich!«, herrschte mich die Verteidigerin an und sprang geistesgegenwärtig auf. »Kommen Sie, wir gehen«, befahl sie ihrem Mandanten, zog ihn hoch und aus dem Büro. Noch nicht einmal mit einem Nachspiel drohte sie mir in dem Moment, so genau wusste sie, dass mich in meinem Zustand kein Wort mehr erreichen, keine Drohung bremsen, keine Geste beruhigen könnte. Schon waren die beiden aus der Tür, als sich der Pater noch einmal umdrehte zu mir, mich anlachte mit seinem hässlichen Mund und diesen Augen und sagte: »Ich hab doch recht? Sie waren doch sein Freund damals …«, und in dieses Wort »Freund« Verachtung und Anzüglichkeit legte und damit in den Schmutz seiner Seele zog, was mir so teuer, so wichtig und wertvoll gewesen war. Dann schlug die Anwältin die Tür zu.

35

Der Zorn verließ mich lange nicht, aber allmählich erkannte ich ihn. Es war der Zorn meines Vaters und der Zorn seines Vaters und seines Großvaters, jäh auflodernd, unmäßig und vernichtend, der Zorn, den ich in mir verborgen hatte, bis zu diesem Tag, und der sich nun in mir aufbäumte und von mir Besitz ergriff. Er drang in mein Blut und infizierte meinen Verstand. Ich konnte keinen klaren Gedanken mehr fassen. Dabei fühlte ich und hatte von dem Moment an gefühlt, als der Pater behauptet hatte, Vittorio sei schwul gewesen, dass inmitten aller Lügen, die aus diesem Mund quollen, dies doch die Wahrheit war, und ich verstand, wieso mir Vittorio so nah gewesen war, wieso er mich manchmal so angesehen, angelächelt – zart und schön wie ein Mädchen – und mich umarmt und auf die Wange geküsst hatte, wie italienische Jungs das tun, aber deutsche Jungs nie, und ich verstand, wieso er mich so verlassen hatte, wie man ein Frau verlässt.

Unsere Freundschaft war … Sünde. Sie war Sünde, weil das Begehren Sünde war, das er in sich empfand, und letztlich die Liebe selbst, die er in seinem Herzen trug – für mich in seinem Herzen trug, für den Freund, neben dem er aufgewachsen war, Jahr für Jahr, Seite an Seite, und der als Einziger alles mit ihm teilen konnte, was in ihm war: das Deutsche, das Italienische, das Fremde, das Dazugehörige, das Überschwängliche, das Kühle, das Nahe, das Ferne.

»Sünde« – ich sprach das Wort aus, laut. Ich sagte es vor

mich hin, während ich nach Hause ging, schrie es heraus, als ich an der Johanneskirche vorbeikam, dass die Leute um mich herum denken mussten, ich sei verrückt geworden. Dieser Pater hatte sich nicht nur an ihm vergangen, ihn nicht nur missbraucht, sondern ihm auch noch eingeredet, das, was er empfand und was er war, im tiefsten Inneren war, sei sündhaft, und von dieser Sündhaftigkeit hatte er ihn gerade durch den Missbrauch überzeugt, indem er ihn dem Ekel des Missbrauchs aussetzte, in den sich das Begehren mischte, das der Körper des Jungen empfand und gegen das er sich nicht wehren konnte. Das war der Ausdruck gewesen, den der Novize in Vittòs Gesicht gesehen und nicht zu deuten gewusst hatte, weil er nicht wusste, dass der Missbrauch in einem Jungen Ekel und Begehren zugleich hervorrufen konnte und ihn damit zum doppelten Opfer machte. Und deswegen sah Vittò in unserer Freundschaft Sünde, in seinem Körper Sünde und deswegen strafte er mich und sich mit Entsagung und diesen Körper mit Hunger. Und so hatte der Pater nicht nur mir den Freund genommen, den einzigen Freund, den ich je hatte, sondern diesen Freund hat er sich letzlich selbst genommen. Und als ich dies erkannte, weil ich das Gutachten Professor Rebnitz' immer wieder las und nun allmählich verstand, was er dort erklärte, Tage später – während derer die Verteidigerin schon eine Dienstaufsichtsbeschwerde gegen mich eingereicht hatte, die zu einem strengen Verweis führen würde und führen musste –, da schickte ich die Akte nach Sindelfingen und gewährte den Anwälten der Mutter Akteneinsicht und ahnte halb und verbarg doch ganz vor mir, was dies zur Folge haben könnte.

36

Das, was dann kam, war, wenn man so will, meine Sünde, meine allein. Die Akten waren kaum aus Sindelfingen zurück; ich wehrte mich immer noch zu begreifen, dass ich mit meinen Anfall von Wut und Zorn das gesamte Verhör ruiniert hatte, als mich die Amtsrichterin anrief und fragte, ob ich an dem Morgen schon die Polizeimeldungen gelesen habe.

»Nein, ich bin leider nicht dazugekommen«, sagte ich, was nur die halbe Wahrheit war, denn ich hätte alle Zeit der Welt gehabt, sie zu lesen, ich hatte daran nur nicht das allergeringste Interesse gefunden.

»Man hat Ihren Pater gefunden in St. Blasien. Er ist tot«, sagte die Richterin.

»Tot? Ich verstehe nicht. Wieso tot, welcher Pater?«

»Lesen Sie die Meldungen, Herr Tedeschi. Lesen Sie, Sie werden sehen«, antwortete sie und legte auf.

Ich nahm mir die Polizeimeldungen vor, die Imbery mir schon gebracht, ich aber unter einem Stapel mit Akten begraben hatte.

St. Blasien – gestern Abend wurde in einem Waldstück bei St. Blasien in der Nähe des Doms der Leichnam von Pater Florian Mayer, geb. am ..., gefunden. Der Pater war seit dem Vormittag vermisst worden. Er war von seinem üblichen Morgenspaziergang nicht zurückgekommen. Todesursache ist die Einwirkung stumpfer Gewalt.

Ein Fremdverschulden kann zur Stunde nicht ausgeschlossen werden. Zeugen berichten von einem Fahrzeug mit italienischen Kennzeichen, das in der Nähe des Fundorts der Leiche gesehen worden war.

Als ich am Abend, bleischwer und müde, weil nach dem Zorn und noch vor der Reue immer erst die Müdigkeit folgt, nach Hause kam, blinkte – ausgerechnet an dem Tag, ausgerechnet an dem Abend – das Licht an meinem Anrufbeantworter. Ohne nachzudenken, schaltete ich ihn an und erschrak, als ich Margarethes Stimme hörte, die weit entfernt schien in Raum und Zeit.

»Antonio, Antonio? Ich bin es, Margarethe. Gut, dass du nicht da bist. Das macht es etwas leichter für mich. Hör zu, es … es tut mir leid, dass ich mich nicht gemeldet habe. Entschuldige bitte, ich …« Es folgte ein längere Pause. Sie begann zu weinen, und ich hörte durchs Telefon, wie sie ihre Nase hochzog. Sie konnte kaum sprechen. »Ich werd's dir erklären … Du musst etwas wissen …«, wieder eine Pause, die sich endlos hinzuziehen schein, »wissen … ja … musst du. Ich … ich bin … schwanger.«

ENDE

Weitere Titel finden Sie auf den
folgenden Seiten und im Internet:

WWW.GMEINER-VERLAG.DE

Reiz des
Verbotenen

© xpixel/shutterstock.com

Sascha Berst-Frediani
Reue
Kriminalroman
247 Seiten, 12 x 20 cm
Steifbroschur
ISBN 978-3-8392-2249-2
€ 18 [D] / € 18,50 [A]

Ein Dorf in Deutschland. Sie – jung, hübsch und beruflich erfolgreich, ihr Ehemann – derb und eher schlicht.
Dass er nur am Wochenende zu Hause ist, stört sie
nicht. Eigentlich wäre alles perfekt, wenn dieser Unter-
mieter nicht wäre. Am Anfang spielt sie nur mit ihm.
Aber die Versuchung ist zu groß. Und plötzlich ist es
ernst. Doch als sie beschließt, die Karten auf den Tisch
zu legen, ist einer tot und für die Wahrheit ist es zu
spät. Ein eindringlicher Roman, aus unterschiedlichen
Perspektiven anhand von Rückblenden erzählt. Hart,
präzise und mit der nüchternen Sprache eines Tarantino!

GMEINER SPANNUNG

WWW.GMEINER-VERLAG.DE
Wir machen's spannend

© Joergens.mi/Wikipedia

Sascha Berst
Fehlurteil
Kriminalroman
320 Seiten, 12 x 20 cm
Paperback
ISBN 978-3-8392-1512-8
€ 14,00 [D] / € 14,40 [A]

Freiburg 1992. Die Staatsanwältin Margarethe Heymann wird von einem Mann um Hilfe gebeten. Vor
zehn Jahren hat er Strafanzeige gegen mehrere Richter erstattet und seitdem nichts mehr von der Justiz
gehört. Sein Vater hatte das eigene Geschäftshaus
einem Angestellten übertragen, damit es nicht in die
Hände der Nazis fällt. Doch die versprochene Rück-
übertragung blieb aus. Widerwillig und mit privaten
Problemen belastet, nimmt sich die Staatsanwältin
des Falles an. Bald stößt sie auf Ungereimtheiten.

GMEINER SPANNUNG

WWW.GMEINER-VERLAG.DE
Wir machen's spannend

Rudolf Georg
Sünde des Schweigens
Kriminalroman
282 Seiten, 12 x 20 cm
Paperback
ISBN 978-3-8392-2476-2
€ 12,00 [D] / € 12,40 [A]

Während eines abenteuerlichen Urlaubs in Mali gerieten
Margarete Schönfelder, Tochter eines schwäbischen
Unternehmers, und ihr Ehemann Erich in Geiselhaft. Er
kam frei, sie starb. Als der junge Anwalt Dr. Jean-Jacques
»Joja« Seltenreich den Ehemann in einer Verwaltungs-
rechtssache vertritt, keimt in ihm ein ungeheuerlicher
Verdacht auf. Wie aber soll sich ein Anwalt nun zwischen
der ihm vom Gesetz auferlegten Schweigepflicht und
seinem Gewissen entscheiden? Die Lösung ist gefährlich, denn sein Gegenspieler ist nicht zimperlich …

GMEINER SPANNUNG

WWW.GMEINER-VERLAG.DE
Wir machen's spannend

Wo die **Sonne** scheint

© Thomas Erle